JN093820

フランス語を
フランス語で
理解する

仏仏仏単語

中田俊介＆ロコホート編

Le vocabulaire français expliqué en

Français

英英英単語
SERIES

the japan times出版

はじめに

皆さんは、LarousseやRobertといった仏仏辞典を使ったことはありますか。「フランス語をフランス語で理解できたらいいな」と思う一方で、「フランス語の説明が難しくて理解できない」という人もいるかもしれません。本書『フランス語をフランス語で理解する 仏仏仏単語』は、そんな皆さんのために作られました。

本書では、仏検5級～3級の過去問を分析し、初中級学習者に必要な語句と意味だけを取り上げました。そして、見出し語句の訳語に加え、フランス語によるオリジナルの語義説明とその訳、シンプルな例文をつけています。このため、皆さんは無理なく、仏仏辞典に近づくことができるのです。

「仏和辞典や従来の単語集ではダメなの？」と思う人もいるかもしれませんね。でも、フランス語をフランス語で学習することには、仏和辞典や従来の単語集では得られない、さまざまなメリットがあります。

① 単語のイメージがつかめる

bureauという単語を取り上げてみましょう。仏和辞典や従来の単語集で「机」という訳語を見ると、何となく意味がわかった気になります。一方、本書では訳語に加え、Table pour écrire.（ものを書くためのテーブル）というフランス語の説明を載せています。フランス人にとって、bureauは「ものを書くためのもの」なのです。「机」という日本語だけでは、このイメージはつかめないでしょう。

② 単語の複数の意味のつながりがわかる

次にmettreという動詞について考えてみましょう。仏和辞典にはたくさんの意味が載っていますが、その中にある「～を置く」と「～を着る」には、一見何の関連も感じられません。一方、本書ではこれらを、Placer quelque chose à un endroit précis.（何かを特定の場所に位置させる）

と、Placer un vêtement sur son corps.（体に衣服をまとわせる）と説明しています。placer（〜を位置づける）という同じ語が使われていることで、2つの語義に共通するイメージが見えてきますね。このイメージをつかんでいれば、それ以外の使い方を理解するときにも役立ちます。

③ 単語のネットワークができる

maison（家）という語は、本書ではBâtiment où l'on habite.（人が住む建物）と説明されています。シンプルなフランス語で説明できることがわかりますし、maison（家）がbâtiment（建物）というカテゴリーに属し、かつhabiter（住む）ものであるという、語のネットワークの中でとらえることができます。

chercher（〜を探す）という語も、Essayer de trouver quelque chose.（何かを見つけようとする）と説明されると、「なるほど！」と思いませんか？

④ 類語との違いに気づける

cuisine（料理）の説明は、Préparation des aliments pour les repas.（食事のための食品の調理）となっています。この説明からは、cuisineとpréparationが類義語であることがわかると同時に、cuisineが「食事のためになされるpréparation（調理）」であるという、ニュアンスの違いに気づくこともできます。

⑤ 発信力がつく

上に見てきたように、本書では見出し語句が平易なフランス語で説明されているので、説明の仕方を覚えていけば、フランス語で話したり書いたりするときの表現力、発信力に直結します。

このように本書では、仏和辞典や従来の単語集では得ることのできない、さまざまな力を身につけることができるのです。

本書は、『英語を英語で理解する 英英英単語®』シリーズの姉妹編として企画されましたが、英語版で好評を得た構成を残しつつ、語義説明の訳や語注を加えるという進化も遂げています。ぜひ本書で学習し、頭の中に「フランス語回路」を作り上げてください。

本書が皆さんのフランス語学習の一助となれば、これに過ぎる喜びはありません。

最後になりますが、原稿作成に多大なる力を貸してくださったAnne-Marie Abitan(アンヌ=マリー・アビタン)氏に、心よりお礼を申し上げます。

編者

目次

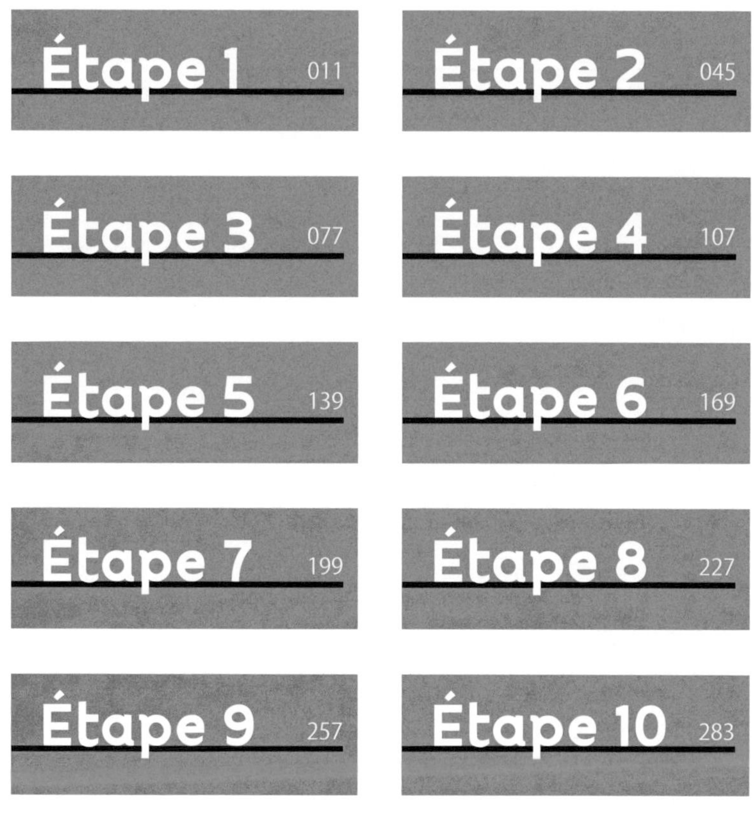

執筆協力：Anne-Marie Abitan
ナレーション：Christian Bouthier ／ Claire Renoul
録音・編集：ELEC録音スタジオ
音声収録時間：約3時間

カバー・本文デザイン：竹内雄二
イラスト：矢戸優人
DTP組版：清水裕久（Pesco Paint）

本書の構成

本書では、初中級レベルの学習者に必須の800語句を、80語ずつ10のÉTAPEに分けて掲載しています。

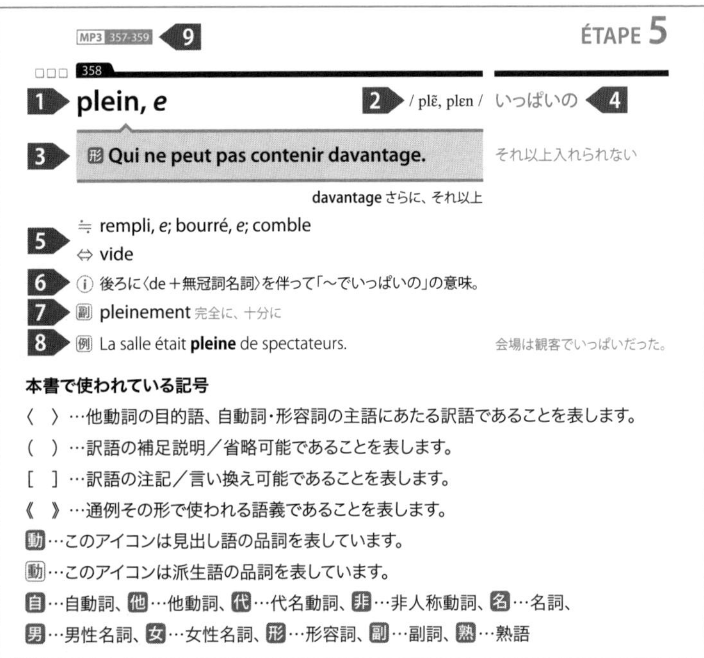

本書で使われている記号

〈　〉…他動詞の目的語、自動詞・形容詞の主語にあたる訳語であることを表します。

（　）…訳語の補足説明／省略可能であることを表します。

［　］…訳語の注記／言い換え可能であることを表します。

《　》…通例その形で使われる語義であることを表します。

動…このアイコンは見出し語の品詞を表しています。

動…このアイコンは派生語の品詞を表しています。

自…自動詞、他…他動詞、代…代名動詞、非…非人称動詞、名…名詞、

男…男性名詞、女…女性名詞、形…形容詞、副…副詞、熟…熟語

1 見出し語

形容詞や名詞で男女の形が異なる場合は、異なる部分をイタリックで表しています。

2 発音記号

見出し語の発音記号です。

※“a, â”の発音表記に用いられることのある[ɑ]と“un, um”の発音表記に用いられることのある[œ̃]は、現在の使用状況に鑑み、それぞれ[a]と[ɛ̃]に置き換えて表記しています。

3 フランス語の語義説明と訳

語義をフランス語で説明し、さらにその訳を掲載しています。語義には、

初中級レベルの学習者が覚えておくと役に立つものを選んでいます。また必要に応じ、欄外に語義説明で使われた語の注も添えています。

※大きく語義の異なるものは一般の辞書では別見出しにすることがありますが、本書では適宜1つの見出しにまとめています。

※仏仏辞典にならい、語義説明は大文字で始め、ポワン(.)で終わっています。

4 訳語

見出し語の訳語です。赤フィルターで隠すことができます。

5 類義語と反意語

≒の後ろに掲載されているのは見出し語の類義語、⇔の後ろに掲載されているのは見出し語の反意語です。

6 注記

ⓘの後ろには、見出し語の複数形や省略形、語法など、幅広い補足情報を掲載しています。

7 派生語

見出し語と派生関係にある語を掲載しています。訳は赤フィルターで隠すことができます。

8 例文と訳

見出し語を使った例文とその訳です。文中の見出し語相当語は太字になっています。訳は赤フィルターで隠すことができます。

※見出し語が動詞の場合、複合過去や受動態では〈助動詞+過去分詞〉が太字になっています。

9 音声のトラック番号

付属音声には、各項目の見出し語、フランス語の語義説明、例文(仏文)が収録されています。音声はアプリまたはPCでダウンロードすることができます。ご利用方法は010ページをご覧ください。

章末ボキャブラリーチェック

各ÉTAPEの終わりに、確認のための問題を用意しています。赤フィルターでページを隠し、本文にあった語義説明(複数ある場合は1つ目の語義)を見て、ヒントを参考に見出し語を答えましょう(答えは男性形を掲載)。間違えた場合は元のページに戻って復習しましょう。

本書を使った効果的な学習法

本書を使った学習法をいくつかご紹介します。これらを参考に、ご自分に合ったオリジナルの学習法もぜひ考えてみてください。

1 訳を見ながら〈見出し語→語義説明→例文〉の順に読み進める

〈見出し語→語義説明→例文〉の順に読んでいきましょう。音声を聞いて、自分でも発音してみるとより身につきます。この方法で一度本書を読み終えたら、2の学習法でもう1周すると、フランス語をフランス語で理解する力がしっかりと身につきます。

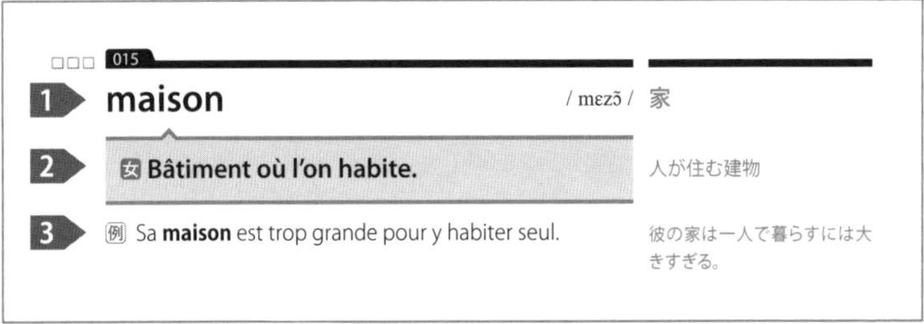

2 赤フィルターを使ってフランス語だけで読み進める

最初から赤フィルターで日本語部分を隠して〈見出し語→語義説明→例文〉の順に読み進める方法もあります。訳は確認に使います。やはり音声を聞いて、自分でも発音してみると、より内容が身につきます。

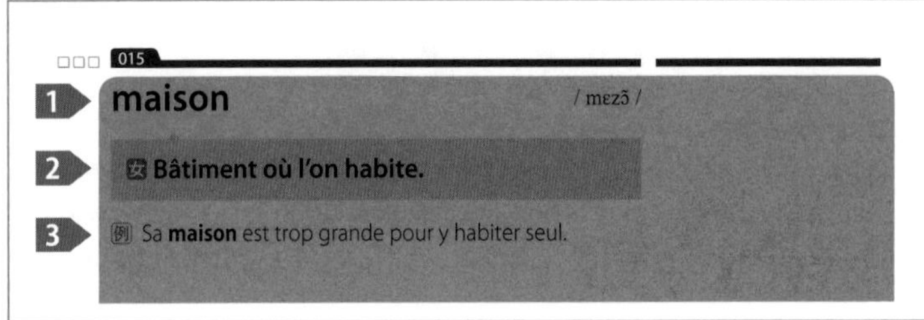

3 テキストを見ずに耳で読む

テキストを見ずに、〈見出し語→語義説明→例文〉が収録された音声を聞く学習法です。前述の1あるいは2で学習した後に、この方法を試すと、さらに内容が頭に入り、リスニング力の強化にもつながります。

4 章末ボキャブラリーチェックを繰り返し解く

完ぺきに正解できるようになるまで、章末ボキャブラリーチェックを繰り返し解きましょう。語義説明を何度も読むことは、発信力の強化につながります。

音声のご利用案内

本書の音声は、スマートフォン（アプリ）やパソコンを通じてMP3形式でダウンロードし、ご利用いただくことができます。

スマートフォン

1. ジャパンタイムズ出版の音声アプリ「OTO Navi」をインストール

2. OTO Naviで本書を検索

3. OTO Naviで音声をダウンロードし、再生

3秒早送り・早戻し、繰り返し再生などの便利機能つき。学習にお役立てください。

パソコン

1. ブラウザからジャパンタイムズ出版のサイト「BOOK CLUB」にアクセス
https://bookclub.japantimes.co.jp/book/b599276.html

2.「ダウンロード」ボタンをクリック

3. 音声をダウンロードし、iTunesなどに取り込んで再生

※音声はzipファイルを展開（解凍）してご利用ください。

Étape 1

Il n'y a que le premier pas qui coûte.
最初の一歩を踏み出すことこそが難しい。

□□□ 001

bon, *ne* / bɔ̃, bɔn / （品質が）よい

形 ① Qui a des qualités, qui convient bien. 質のよい、適した

qualité 質（のよさ）　**convenir** 適する

⇔ mauvais, *e*

例 On m'a offert une **bonne** montre pour mon anniversaire. 私は誕生日にいい腕時計をもらった。

おいしい

② Que l'on aime manger ou boire, qui a un goût agréable. 食べたり飲んだりするのを好む、好ましい味の

⇔ mauvais, *e*

例 Ce gâteau est très **bon**! このケーキ、とってもおいしい！

正しい、有効な

③ Qui convient, qui fonctionne bien. 適合する、正常に機能する

fonctionner 機能する

≒ exact, *e*

⇔ faux, *fausse*; mauvais, *e*

例 Ce n'est pas le **bon** code. それは正しい暗証番号ではない。

□□□ 002

soir / swar / 夕方

男 Dernières heures du jour avant la nuit. 夜の前の、日中の最後の時間

≒ soirée

例 Il fait frais le **soir** ces derniers temps. 最近夕方は涼しい。

□□□ 003

partir
/ partir /
出発する、立ち去る

自 Quitter l'endroit où l'on est.
いる場所を離れる

≒ s'absenter

⇔ arriver; rentrer

例 Elle **part** pour Paris ce soir.
彼女は今晩パリに向けて出発する。

□□□ 004

petit, *e*
/ pəti, pətit /
背が低い、小柄な

形 ① Qui a une taille peu élevée.
身長が高くない

taille 身長 **élevé, *e*** 高い

⇔ grand, *e*

例 Elle est plus **petite** que sa sœur.
彼女は妹よりも背が低い。

小さい

② Dont les dimensions sont inférieures à la mesure ordinaire.
通常よりも寸法が小さい

dimension 寸法 **inférieur, *e*** 少ない、小さい **mesure** 寸法

⇔ grand, *e*

例 Les moineaux du Japon sont plus **petits** que ceux de France.
日本のスズメはフランスのスズメよりも小さい。

幼い

③ Qui est jeune ou moins âgé.
若い、あるいは年少の

âgé, *e* 年をとった

例 Elle est encore trop **petite** pour voyager seule.
彼女はまだ幼すぎて一人で旅行できない。

□□□ 005

aimer

/ eme / ～を愛する

他 ① **Avoir de l'amour ou de l'affection pour une personne ou une chose.**

人やものへの愛や愛情を持つ

affection 愛情

例 Marc **aime** Céline passionnément.

マルクはセリーヌを情熱的に愛している。

～(すること)を好む

② **Avoir du goût pour quelque chose, éprouver du plaisir à faire quelque chose.**

何かに対する嗜好(しこう)を持っている、何かを行うことに喜びを感じる

éprouver ～を感じる

例 Nous **aimons** faire du ski.

私たちはスキーをするのが好きだ。

□□□ 006

an

/ ɑ̃ / 年

男 ① **Période de douze mois, de janvier à décembre.**

1月から12月までの12か月の期間

période 期間

例 Nous sommes amis depuis 10 **ans**.

私たちは10年来の友だちだ。

歳

② **Période de douze mois comptés à partir de la naissance d'une personne qui sert à indiquer son âge.**

年齢を示すために使われる、人の誕生から数えるときの12か月の期間

à partir de ～から　**indiquer** ～を示す

例 Mon grand-père a 80 **ans**.

私の祖父は80歳だ。

□□□ 007

plaire / plɛr / 気に入る

自 **Correspondre au goût de quelqu'un.** 誰かの好みに合う

correspondre à ～に一致する

例 Ce film m'**a** beaucoup **plu**. 私はこの映画がとても気に入った。

□□□ 008

manger / mɑ̃ʒe / ～を食べる

他 **Absorber un aliment pour se nourrir.** 食物を摂取し、滋養とする

absorber ～を摂取する　**aliment** 食物　**se nourrir** 栄養をとる

≒ s'alimenter de; consommer

例 Elle ne **mange** pas de viande. 彼女は肉を食べない。

□□□ 009

temps / tɑ̃ / 時間

男 ① **Durée que l'on peut mesurer en heures, minutes et secondes.** 時間、分、秒で測れる期間

durée 期間　**mesurer** ～を測定する

例 Nous n'avons pas le **temps** de discuter. 私たちには議論をする時間がない。

天気

② **Aspect du ciel, degré d'humidité et de température de l'air.** 空の様子、湿度、気温

aspect 様子、外観　**humidité** 湿度　**température** 温度

例 Quel **temps** fait-il aujourd'hui à Paris? 今日のパリの天気はどうですか。

□□□ 010

dire
/ dir / ～を言う、述べる

他 Donner une information par la parole ou par l'écrit. 話したり書いたりすることによって情報を与える

parole 言葉、発言　**écrit** 文書

≒ affirmer; annoncer; énoncer; exprimer

例 Vous devez **dire** la vérité. あなたは本当のことを言わなければならない。

□□□ 011

ami, *e*
/ ami / 友だち

名 Personne qui est sympathique, que l'on aime. 好感の持てる、好きな人

例 Yuka a beaucoup d'**amis** français. ユカにはフランス人の友だちがたくさんいる。

□□□ 012

finir
/ finir / ～を終える

他 Faire quelque chose complètement. 何かを完全に行う

⇔ commencer

女 fin 終わり

形 fini, *e* 終わった

例 Je veux **finir** le travail à cinq heures aujourd'hui. 今日は5時に仕事を終えたい。

終わる

自 Arriver à son terme. 終わりに達する

terme 終わり

例 La saison des pluies est enfin **finie**. やっと梅雨が明けた。

□□□ 013

travail

/ travaj / 職、働き口

男 ① **Activité qui permet de gagner l'argent nécessaire pour vivre.**

生活するのに必要な金を稼ぐことを可能にする活動

activité 活動

≒ emploi

ⓘ 複数形は travaux。

自 travailler 仕事をする、働く　名 travailleur, *se* 労働者

例 Il est sans **travail** depuis longtemps.

彼は長い間、失業している。

仕事、作業

② **Effort nécessaire pour accomplir une tâche.**

任務を成し遂げるために必要な労力

effort 努力　**accomplir** ～をやり遂げる　**tâche** 仕事、任務

例 Ces devoirs me demandent beaucoup de **travail**.

これらの宿題のために多くの作業をしなければならない。

□□□ 014

acheter

/ aʃte / ～を買う

他 **Avoir quelque chose en payant.**

支払うことによって何かを手にする

男 achat 購入

例 Je vais **acheter** des fleurs pour Hélène.

エレーヌのために花を買うつもりだ。

□□□ 015

maison

/ mɛzɔ̃ / 家

女 **Bâtiment où l'on habite.**

人が住む建物

例 Sa **maison** est trop grande pour y habiter seul.

彼の家は一人で暮らすには大きすぎる。

□□□ 016

grand, *e* / grɑ̃, grɑ̃d / 背の高い、大きい

形 ① Qui a une haute taille. 高い身長を持つ

⇔ petit, *e*

副 grandement 大いに　女 grandeur 偉大さ

例 Emile est le plus **grand** des trois frères. エミールは3人兄弟の中で一番背が高い。

広い

② Qui a des dimensions importantes. 大きな規模を持つ

例 Il y a une statue au centre du **grand** parc. 広い公園の真ん中に彫像がある。

大人になった

③ Qui n'est plus un petit enfant. もはや小さな子どもではない

≒ adulte

例 Qu'est-ce que tu veux faire quand tu seras **grand**? 大人になったら何をしたい？

□□□ 017

matin / matɛ̃ / 朝

男 Début de la journée après le lever du soleil. 日の出のあとの1日の初め

lever（太陽などが）昇ること

≒ matinée

例 Je fais du jogging chaque **matin**. 私は毎朝ジョギングする。

□□□ 018

habiter / abite / 住む、居住する

自 Avoir son logement quelque part. どこかに住居を持っている

logement 住居

≒ demeurer; résider

女 habitation 住むこと 男 habitat 生息地

例 Mon frère **habite** à New York depuis 10 ans. 兄はこの10年、ニューヨークに住んでいる。

□□□ 019

chercher / ʃɛrʃe / ～を探す、探し求める

他 Essayer de trouver quelque chose. 何かを見つけようとする

≒ rechercher

例 Je **cherche** des livres pour les enfants. 私は子ども向けの本を探している。

□□□ 020

savoir / savwar / 〈事柄・情報〉を知っている

他 ① Connaître quelque chose, en avoir été informé. 何かを知っている、それについて知らされている

informer ～に知らせる

例 Vous **savez** qu'elle va partir bientôt? 彼女がもうすぐ出発することを知っていますか。

～することができる

② 《savoir + *inf.*》 Avoir appris à faire quelque chose et en être capable. 何かをすることを学び、それができる

capable できる

例 Ma mère ne **sait** pas conduire. 母は車の運転ができない。

□□□ 021

enfant

/ ɑ̃fɑ̃ / 子ども、児童

名 ① Être humain, garçon ou fille, jusqu'à l'adolescence.

少年少女を問わず、青年期までの人間

humain, *e* 人間の　**adolescence** 思春期、青年期

形 enfantin, *e* 子どもの、子どもっぽい

例 Léo n'est encore qu'un **enfant**.

レオはまだほんの子どもだ。

（親の）子ども

② Fils ou fille quelque soit son âge.

年齢に関係なく息子または娘

例 Adrien et Sophie ont trois **enfants**.

アドリアンとソフィーには3人の子どもがいる。

□□□ 022

attendre

/ atɑ̃dr / ～を待つ

他 ① Rester au même endroit jusqu'à l'arrivée de quelqu'un ou quelque chose.

誰かまたは何かが到着するまで同じ場所にとどまる

女 attente 待つこと

例 Agnès **attend** son amie devant la gare.

アニエスは駅の前で友だちを待っている。

～を予想する、期待する

② Penser que quelque chose va sans doute arriver.

おそらく何かが起こるだろうと考える

sans doute おそらく

例 J'ai été surpris, je n'**attendais** pas cette réaction de ta part.

驚いた、君のそんな反応は予想していなかったよ。

□□□ 023

beau, *belle*

/ bo, bɛl / 美しい、きれいな

形 **Que l'on aime regarder ou écouter.**

人が見たり聞いたりするのを好む

≒ joli, *e* ⇔ affreux, *se*; hideux, *se*; laid, *e*

ⓘ 母音の前では男性単数形はbelになる。「晴れた」という意味もあり、Il fait beau.で「天気がよい」。

女 beauté 美しさ、美

例 Sa maison a un **beau** jardin.

彼女の家には美しい庭がある。

□□□ 024

arriver

/ arive / 到着する

自 ① **Atteindre sa destination.**

目的地に到達する

atteindre ～に到達する destination 目的地

⇔ partir

女 arrivée 到着

例 Mes grands-parents **arrivent** à Tokyo cet après-midi.

祖父母は今日の午後、東京に着く。

達する、届く

② **Atteindre une certaine taille, un certain niveau.**

特定の高さ、特定のレベルに達する

niveau レベル

例 Son fils n'**est** pas encore **arrivé** à son épaule.

彼の息子の背は、まだ彼の肩に届かない。

起こる、生じる

③ **Avoir lieu.**

行われる

例 Ce sont des choses qui **arrivent**.

よくあることだよ。

024語

□□□ 025

jour / ʒur / 1日

男 ① Durée de vingt-quatre heures.

24時間の期間

例 Elle mange de la baguette presque tous les **jours**.

彼女はほとんど毎日バゲットを食べる。

昼間、日中

② Temps qui se passe entre le lever et le coucher du soleil.

日の出から日の入りまでの時間

coucher (太陽などが)沈むこと

≒ journée

例 Le **jour** est devenu plus long que la nuit.

昼が夜より長くなった。

□□□ 026

mettre / mɛtr / (ある場所に)～を置く

他 ① Placer quelque chose à un endroit précis.

何かを特定の場所に位置させる

précis, *e* 正確な、明確な

≒ poser

例 J'ai oublié où j'**ai mis** mes lunettes.

私はメガネをどこに置いたか忘れた。

～を着る

② Placer un vêtement sur son corps.

体に衣服をまとわせる

≒ enfiler

⇔ ôter; retirer

ⓘ「〈帽子〉をかぶる」「〈靴〉を履く」「〈眼鏡〉をかける」などの意味でも使う。

例 Elle **a mis** son chapeau avant de sortir.

彼女は外出する前に帽子をかぶった。

□□□ 027

parler

/ parle / 話す

自 Dire des mots pour s'exprimer.

自分の考えを述べるために言葉を発する

s'exprimer 自分の考えを述べる

例 Elle aime **parler** avec ses amis.

彼女は友だちと話すのが好きだ。

□□□ 028

dormir

/ dɔrmir / 眠る

自 Fermer les yeux et être en état de sommeil.

目を閉じて睡眠状態にある

état 状態

⇔ veiller

ⓘ se coucherは「横になる、床につく」という意味。

例 Il **dort** généralement toute la journée le dimanche.

彼はふだん日曜日は一日中寝ている。

□□□ 029

travailler

/ travaje / 勤務する

自 ① Avoir un emploi, faire son métier.

職がある、職務を遂行する

emploi 職、仕事

男 travail 仕事　名 travailleur, *se* 労働者

例 Il **travaille** dans un magasin après l'école.

彼は放課後、店で働いている。

働く、勉強する

② Faire des efforts continus pour obtenir un résultat, atteindre le but fixé.

結果を得て、設定された目標を達成するために、継続的な努力をする

continu, *e* 続く　**obtenir** ～を得る
but ゴール　**fixer** ～を定める

例 **Travaille** bien pour réussir à l'examen.

試験に合格するためによく勉強しなさい。

029語

□□□ 030

voiture / vwatyr / 車

女 **Véhicule à quatre roues et à moteur qui sert à se déplacer et peut transporter plusieurs personnes.**

移動するのに使われ、複数の人を輸送することのできる、エンジンを搭載した四輪の乗り物

véhicule 車両　roue 車輪　moteur エンジン
se déplacer 移動する、動く　transporter ～を運ぶ

≒ auto; automobile

例 Mon père m'a emmené à l'exposition de **voitures**.

父は私をモーターショーに連れていってくれた。

□□□ 031

gare / gar / 駅

女 **Endroit où les trains s'arrêtent et d'où ils partent.**

列車が停車したり出発したりする場所

例 Cet hôtel est à cinq minutes de la **gare**.

そのホテルは駅から5分のところにある。

□□□ 032

sortir / sɔrtir / 出る、外出する

自 ① **Aller de l'intérieur d'un lieu à l'extérieur.**

ある場所の内側から外側に移動する

intérieur 内側　extérieur 外側

⇔ entrer; rentrer

女 sortie 出口

例 Elle **sort** souvent les week-ends.

彼女は週末によく外出する。

公開される、発売される

② **Être présenté au public, être édité.**

一般に公開される、出版される

éditer ～を出版する

例 Ce film **est sorti** le mois dernier.

この映画は先月公開された。

□□□ 033

jouer

/ ʒwe / 遊ぶ

自 ① Faire quelque chose uniquement pour le plaisir.

楽しみだけのために何かをする

uniquement 単に

≒ s'amuser

例 Henri **joue** avec un chien dans le parc.

アンリは公園で犬と遊んでいる。

演奏する

② Se servir d'un instrument de musique.

楽器を使う

ⓘ 〈jouer de ＋楽器〉の形で使う。

名 joueur, *se* 演奏者

例 René **joue** du violon dans sa chambre.

ルネは自分の部屋でバイオリンを弾いている。

（球技を）する

③ Pratiquer un sport.

スポーツを行う

ⓘ 〈jouer à ＋スポーツ〉の形で使う。

名 joueur, *se* 競技者

例 Je **joue** souvent au badminton avec mes amis après l'école.

私はよく放課後に友だちとバドミントンをする。

□□□ 034

main

/ mɛ̃ / 手

女 Partie du corps humain située au bout du bras et qui permet de prendre ou de toucher.

腕の先端にあり、ものを取ったり触れたりすることを可能にする体の部分

situé, *e* 位置した　**au bout de** ～の端に

例 Levez votre **main** pour répondre.

答えるときは手を挙げなさい。

034語

□□□ 035

café
/ kafe / コーヒー

男 ① Boisson faite à partir de la graine du caféier, grillée et moulue.

焙煎して挽（ひ）いた、コーヒーの木の種から作られた飲み物

graine 種　**caféier** コーヒーの木
grillé, *e* 炒られた　**moulu, *e*** 挽かれた

例 Mettez-vous du sucre dans votre **café** ?
コーヒーに砂糖は入れますか。

カフェ

② Lieu où l'on sert du café et différentes sortes de boissons.

コーヒーやさまざまな種類の飲み物が提供される場所

≒ bar

例 Il y a beaucoup de **cafés** dans ce quartier.
この界隈にはカフェが多い。

□□□ 036

rester
/ rɛste / 滞在する

自 ① Ne pas quitter un endroit.

ある場所を離れない

≒ demeurer; séjourner

例 Elle **est restée** en France pendant trois ans.
彼女はフランスに3年間滞在した。

～のままでいる

② Continuer d'être dans un état particulier.

特定の状態を継続する

例 Sa mère **reste** toujours jeune.
彼女の母はいつまでも若いままだ。

□□□ 037

content, *e* / kɔ̃tɑ̃, -tɑ̃t / 満足した

形 ① Qui est heureux de quelque chose.

何かに満足した

⇔ mécontent, *e*

ⓘ 〈content de〉の形で使う。

男 contentement 満足

例 Mon fils est **content** de son nouveau vélo.

息子は新しい自転車が気に入っている。

うれしい

② Qui a une grande joie, qui ressent du bonheur.

大きな喜びを持った、幸せを感じた

ressentir ～を（強く）感じる　bonheur 幸せ

≒ heureux, *se*　⇔ triste

ⓘ 〈content de〉の形で使う。

例 Je suis **content** de vous revoir.

あなたにまたお会いできてうれしいです。

□□□ 038

chose / ʃoz / もの

女 ① Un objet, par opposition à un être vivant.

生き物と対比されるものとしてのもの

par opposition à ～と対比させて　vivant, *e* 生きている

例 Ne portez pas trop de **choses** en même temps.

一度にあまりに多くのものを持たないでください。

こと、出来事

② Ce qui se produit.

生じる事柄

se produire 起こる、生じる

例 Aujourd'hui j'ai beaucoup de **choses** à faire.

私は今日、やることがたくさんある。

□□□ 039

nouveau, *nouvelle* / nuvo, nuvɛl / 新しい

形 Qui existe depuis peu de temps. 存在して間もない

≒ récent, *e*

⇔ ancien, *ne*; vieux, *vieille*

ⓘ 母音の前では男性単数形は nouvel になる。

女 nouveauté 新しさ

例 J'ai acheté un **nouvel** ordinateur. 私は新しいコンピュータを買った。

□□□ 040

rentrer / rɑ̃tre / 帰る

自 Entrer dans un endroit d'où l'on est sorti. 出てきた場所に入る

女 rentrée 帰ること、戻ること

例 Elle **est rentrée** chez elle à six heures. 彼女は6時に帰宅した。

□□□ 041

monde / mɔ̃d / 天地、万物

男 ① Tout ce qui existe. 存在するすべてのもの

ⓘ「人々」という意味もある。

形 mondial, *e* 世界の

例 Selon la Bible, Dieu a créé le **monde**. 聖書によれば、神が世界を創造した。

世界

② Le globe terrestre. 地球

globe 天体、地球　terrestre 地球の

例 Il a fait le tour du **monde** en bateau. 彼は船で世界一周旅行をした。

□□□ 042

maintenant

/ mɛ̃tnɑ̃ / 今

副 **Au moment où l'on parle.**

話している時点で

≒ à présent

例 Mes enfants dorment **maintenant**.

私の子どもたちは今寝ている。

□□□ 043

semaine

/ səmɛn / 週

女 **Période de sept jours qui va du lundi au dimanche.**

月曜日から日曜日までの7日間

例 Cette pâtisserie ouvrira la **semaine** prochaine.

そのケーキ屋は来週オープンする。

□□□ 044

trouver

/ truve / ～を見つける、発見する

他 ① **Découvrir un lieu, un fait, un objet après avoir cherché ou par hasard.**

探したあとに、または偶然に、場所、事実、ものを発見する

par hasard 偶然に

⇔ égarer; perdre

例 Il **a** finalement **trouvé** le livre qu'il cherchait depuis longtemps.

彼はついに長い間探していた本を見つけた。

…である(ことがわかる)

② **Croire que, penser que.**

…だと信じる、…だと思う

≒ estimer; penser; juger

ⓘ 後ろにque節を伴う。

例 Je **trouve** que c'est le meilleur restaurant de la ville.

私はこれが町で最高のレストランだと思う。

□□□ 045

personne

/ pɛrsɔn / 人

女 **Être humain.**

人間存在

ⓘ neとともに使われて「誰も〜ない」という意味を表す使い方もある。

形 personnel, *le* 個人の

例 Vous connaissez cette **personne**?

この人を知っていますか。

□□□ 046

lire

/ lir / 〜を読む

他 **Reconnaître les mots, les phrases et comprendre leurs sens.**

単語や文を認識し、その意味を理解する

phrase 文

例 Mon père **lit** le journal pendant son petit déjeuner.

父は朝食時に新聞を読む。

□□□ 047

air

/ ɛr / 空気

男 ① **Mélange d'oxygène, d'azote et d'autres gaz qui entoure la Terre.**

地球を取り巻く酸素、窒素、その他の気体の混合物

mélange 混合　oxygène 酸素　azote 窒素
gaz 気体　entourer 〜を囲む

例 L'**air** extérieur est froid.

外の空気は冷たい。

様子、表情

② **Apparence d'une personne.**

人の外観

apparence 外観

例 Tu as l'**air** fatigué.

君は疲れているみたいだね。

□□□ 048

femme

/ fam / 女性

女 ① **Adulte de sexe féminin.** 女性の大人

féminin 女性の

⇔ homme

例 Connaissez-vous cette **femme** blonde? あなたはあの金髪の女性を知っていますか。

妻

② **Personne de sexe féminin unie à une autre par le mariage.** 結婚によって他人と結ばれた女性

unir ～を結びつける　mariage 結婚

≒ épouse; conjointe

⇔ mari

例 La **femme** d'Éric est bonne en cuisine. エリックの妻は料理が得意だ。

□□□ 049

connaître

/ kɔnɛtr / ～を知っている

他 **Savoir quelque chose, être informé de quelque chose.** 何かを知っている、何かについて知らされている

⇔ ignorer

女 connaissance 知ること、認知　形 connu, *e* 知られている

例 Tu **connais** cet acteur? この俳優を知ってる？

□□□ 050

école

/ ekɔl / 学校

女 **Établissement où l'on donne un enseignement collectif.** 集団教育が行われる施設

enseignement 教育　collectif, *ve* 集団の

例 Dans les **écoles** japonaises, les cours commencent en avril. 日本の学校では授業は4月に始まる。

050語

□□□ 051

passer / pase / 通る、通過する

自 **Aller d'un endroit dans un autre.** ある場所から別の場所へと行く

例 Notre bus **passe** sur ce pont. 私たちの乗っているバスはその橋を通る。

□□□ 052

possible / pɔsibl / 可能な、あり得る

形 **Qui peut se faire, qui peut arriver.** なされ得る、起こり得る

≒ envisageable

⇔ impossible

女 possibilité 可能性

例 Il est **possible** qu'elle ne vienne pas ce soir. 彼女は今夜来ないかもしれない。

□□□ 053

derni*er*, *ère* / dɛrnje, -njɛr / 最後の

形 ① **Qui vient après tous les autres.** 他のすべてのもののあとに来る

⇔ premi*er*, *ère*

例 Nous sommes arrivés juste à temps pour le **dernier** train. 私たちはギリギリ終電に間に合った。

前の

② **Qui s'est passé dans un passé proche.** 近い過去に起こった

proche 近い、近接した

≒ précédent, *e*

⇔ prochain, *e*

例 Catherine a visité Nice l'été **dernier**. カトリーヌは去年の夏、ニースを訪れた。

054
jardin
/ ʒardɛ̃ / 庭

男 Terrain où l'on cultive des fleurs, des légumes, des arbres, etc.
花や野菜、樹木などを栽培する土地

terrain 土地

例 Sa maison a un beau **jardin**.
彼女の家には美しい庭がある。

055
chambre
/ ʃɑ̃br / 部屋、寝室

女 Pièce avec un lit où on peut dormir.
人が眠ることができる、ベッドのある部屋

例 Je voudrais réserver une **chambre** à un lit.
シングルの部屋を予約したいのですが。

056
train
/ trɛ̃ / 列車

男 Suite de wagons tirés par une locomotive sur des rails et transportant des voyageurs ou des marchandises.
機関車によって線路の上をけん引され、乗客や貨物を運ぶ一連の車両

wagon 車両　locomotive 機関車
voyageur 乗客　marchandise 貨物

例 Il faut changer de **train** à la prochaine gare.
次の駅で電車を乗り換える必要がある。

057
regarder
/ rəgarde / (注意して)～を見る

他 Diriger ses yeux vers quelque chose ou quelqu'un.
ものや人に視線を向ける

diriger ～を向ける

≒ contempler; observer

男 regard 視線

例 Ne **regarde** pas trop la télé!
テレビを見すぎないで!

057語

□□□ 058

restaurant

/ rɛstɔrɑ̃ / 飲食店、レストラン

男 Établissement où l'on sert des repas à des clients. 客に食事を提供する施設

établissement 施設

例 Ce **restaurant** est toujours plein de clients. このレストランはいつも客でいっぱいだ。

□□□ 059

pleuvoir

/ pløvwar / 雨が降る

非《il pleut》Il tombe de la pluie. 雨が落ちてくる

例 Il **pleut** beaucoup en juin au Japon. 日本では6月によく雨が降る。

□□□ 060

eau

/ o / 水

女 Liquide transparent qui n'a pas d'odeur et pas de goût. においも味も持たない透明な液体

liquide 液体　**transparent,** ***e*** 透明な　**odeur** におい

ⓘ 複数形はeauxで、「沼、海」という意味。

例 Un verre d'**eau**, s'il vous plaît. 水を1杯ください。

□□□ 061

écrire

/ ekrir / 〜を書く

他 Tracer des lettres et des mots. 文字や単語を書く

tracer 〈線〉を引く、〈文字〉を書く

≒ inscrire; marquer

ⓘ「手紙を書く」という意味もある。

形 écrit, *e* 書かれた

例 Elle **écrit** un e-mail à Paul maintenant. 彼女は今、ポールにメールを書いている。

□□□ 062

commencer

/ kɔmɑ̃se / 〜を始める

他 Se mettre à faire quelque chose. 何かを行い始める

se mettre à + *inf.* 〜し始める

⇔ finir; terminer; achever

男 commencement 始まり

例 Il **a commencé** à apprendre le piano à l'âge de quatre ans. 彼は4歳のときにピアノを習い始めた。

始まる

自 Prendre naissance. 生じる

≒ débuter

⇔ finir; se terminer; s'achever

例 Le film **commence** à six heures et demie. その映画は6時半に始まる。

□□□ 063

chien, *ne*

/ ʃjɛ̃, ʃjɛn / 犬

名 Animal familier voisin du loup qui a un très bon flair. 嗅覚に優れた、オオカミに近い、人と暮らす動物

familier, *ère* 親しい　loup オオカミ　flair 嗅覚

例 Aurélie promène son **chien** tous les matins. オレリーは毎朝犬を散歩させている。

□□□ 064

d'accord

/ dakɔr / 賛成して

熟《être d'accord》Penser de la même façon, avoir le même avis, accepter. 同じように考える、同じ意見を持つ、受け入れる

例 Je suis **d'accord** avec vous. 私はあなたに賛成です。

064語

□□□ 065

année / ane / 年

女 ① **Durée de douze mois.** 12か月の期間

例 Daniel aura 20 ans l'**année** prochaine. 来年、ダニエルは20歳になる。

1年間

② **Période de douze mois comptés à partir d'une date précise.** 特定の日付から数えた12か月の期間

≒ an

例 Ils sont les meilleurs amis depuis des **années**. 彼らは長年の親友だ。

□□□ 066

livre / livr / 本

男 **Ensemble de feuilles imprimées, fixées ensemble, protégées par une couverture, destiné généralement à être lu.** ふつう読むことを目的とした、印刷され、とじられ、表紙で保護された紙の集合体

imprimer ～を印刷する　protéger ～を保護する
destiner ～を目的とする

≒ ouvrage; manuel

例 De moins en moins de gens lisent des **livres** dans le train. 電車の中で本を読む人は減っている。

□□□ 067

déjeuner / deʒœne / 昼食、ランチ

男 **Le repas de midi.** 昼の食事

ⓘ「昼食をとる」という動詞の意味もある。

例 Sylvie mange souvent des pâtes au **déjeuner**. シルヴィはよく昼食にパスタを食べる。

□□□ 068

vite

/ vit / すぐに、まもなく

副 ① Dans peu de temps. わずかな時間のあとで

≒ bientôt

女 vitesse 速さ、速度

例 Notre bus va **vite** arriver. 私たちの乗るバスはまもなく来る。

すばやく

② En peu de temps. 短い時間で

⇔ lentement

例 Il marche si **vite** que je ne peux pas le suivre. 彼があまりに速く歩くので、私はついていけない。

□□□ 069

sûr, *e*

/ syr / 確かな、確実な

形 ① Que l'on considère comme vrai. 真実だと考えられる

≒ exact, *e*; certain, *e*

副 sûrement きっと、確かに　女 sûreté 確かさ

例 Il est **sûr** que leur fils va réussir à l'examen. 彼らの息子が試験に合格するのは確実だ。

確信している

② Qui est persuadé de savoir quelque chose. 何かを知っていると確信している

persuadé, *e* 確信している

≒ certain, *e*

例 Il est **sûr** de sa victoire. 彼は自分の勝利を確信している。

069語

□□□ 070

dîner

/ dine / 夕食

男 **Le repas du soir.**

夕方の食事

ⓘ「夕食をとる」という動詞の意味もある。

例 Elle a pris son **dîner** au restaurant chinois en face de la gare.

彼女は駅前の中華料理店で夕食をとった。

□□□ 071

loin

/ lwɛ̃ / 遠くに

副 **À une grande distance.**

長い距離離れたところに

⇔ près

形 lointain, *e* 遠い、遠くの

例 Mes parents habitent très **loin** de chez moi.

私の両親は私の家からとても遠くに住んでいる。

□□□ 072

magasin

/ magazɛ̃ / 店

男 **Établissement ou local où un commerçant vend toutes sortes de marchandises.**

商人があらゆる種類の商品を販売する施設または区画

local 区画、場所　marchandise 商品

例 Ce **magasin** vend des produits de bonne qualité.

この店では質のいい製品を売っている。

□□□ 073

sac

/ sak / バッグ、かばん

男 **Objet en matière souple qui s'ouvre par le haut et qui sert à transporter diverses choses.**

上部が開き、さまざまなものを運ぶために使われる、柔らかい素材でできたもの

matière 素材　souple 柔らかい

例 Il a acheté un **sac** à dos pour aller à la montagne.

彼は山に行くためにリュックサックを買った。

074

ville

/ vil / 都会、町

女 **Ensemble important de constructions, de commerces, de rues où vivent de nombreux habitants.**

多くの住民が生活する、建造物、商店、通りの大規模な集合体

construction 建造物　commerce 商店　nombreux, *se* 多数の

≒ agglomération; cité

⇔ campagne

例 Nous préférons la vie en **ville** à celle à la campagne.

私たちは田舎の生活よりも都会の生活を好む。

075

donner

/ dɔne / ～を与える

他 **Offrir quelque chose à quelqu'un.**

誰かに何かを提供する

男 don 与えること

例 Pierre m'**a donné** un bon stylo pour mon anniversaire.

ピエールは私の誕生日によい万年筆をくれた。

076

homme

/ ɔm / 人間

男 ① **Tout être humain.**

あらゆる人間存在

例 L'**homme** sait utiliser le langage.

人間は言語を使うことができる。

男

② **Adulte de sexe masculin.**

男性の大人

masculin, *e* 男性の

⇔ femme

例 Ce parapluie est pour **hommes**.

この傘は男性用だ。

076語

□□□ 077

jeune /ʒœn/ 若い

形 **Qui n'a pas encore un grand âge ou qui est moins âgé qu'un autre.**

まだ年をとっていない、または他の人より年下である

⇔ âgé, *e*; vieux, *vieille*

女 jeunesse 青年期

例 François se promène avec une **jeune** femme.

フランソワが若い女性と散歩をしている。

□□□ 078

pays /pei/ 国

男 **Territoire d'une nation, limité par une frontière.**

国境に囲まれた国家の領土

territoire 領土　frontière 国境

≒ État

例 Vous venez de quel **pays**?

あなたはどちらの国のご出身ですか。

□□□ 079

midi /midi/ 正午

男 **Milieu de la journée, entre le matin et l'après-midi.**

昼間の真ん中、午前と午後の間

例 Les élèves commencent à déjeuner vers **midi**.

生徒たちは正午ごろに昼食をとり始める。

□□□ 080

choisir /ʃwazir/ ～を選ぶ

他 **Prendre une chose plutôt qu'une autre.**

別のものよりも、あるものを取る

≒ sélectionner

男 choix 選択　形 choisi, *e* 選ばれた

例 Elle **choisit** les vêtements qu'elle portera à la soirée.

彼女はパーティーに着ていく服を選んでいる。

章末ボキャブラリーチェック

次の語義が表すフランス語の語句を答えてください

語義	解答	連番
❶ Établissement où l'on sert des repas à des clients.	restaurant	058
❷ Tracer des lettres et des mots.	écrire	061
❸ Ensemble important de constructions, de commerces, de rues où vivent de nombreux habitants.	ville	074
❹ Prendre une chose plutôt qu'une autre.	choisir	080
❺ Se mettre à faire quelque chose.	commencer	062
❻ Établissement où l'on donne un enseignement collectif.	école	050
❼ Faire quelque chose uniquement pour le plaisir.	jouer	033
❽ Que l'on considère comme vrai.	sûr	069
❾ Période de sept jours qui va du lundi au dimanche.	semaine	043
❿ Être humain.	personne	045
⓫ Placer quelque chose à un endroit précis.	mettre	026
⓬ Qui peut se faire, qui peut arriver.	possible	052
⓭ Qui a une taille peu élevée.	petit	004
⓮ Qui existe depuis peu de temps.	nouveau	039
⓯ Boisson faite à partir de la graine du caféier, grillée et moulue.	café	035
⓰ Offrir quelque chose à quelqu'un.	donner	075
⓱ Essayer de trouver quelque chose.	chercher	019
⓲ Établissement ou local où un commerçant vend toutes sortes de marchandises.	magasin	072
⓳ Ensemble de feuilles imprimées, fixées ensemble, protégées par une couverture, destiné généralement à être lu.	livre	066
⓴ Dire des mots pour s'exprimer.	parler	027
㉑ Au moment où l'on parle.	maintenant	042
㉒ Qui a des qualités, qui convient bien.	bon	001

080語

語義	解答	連番
㉓ Période de douze mois, de janvier à décembre.	an	006
㉔ Avoir un emploi, faire son métier.	travailler	029
㉕ Que l'on aime regarder ou écouter.	beau	023
㉖ Dernières heures du jour avant la nuit.	soir	002
㉗ Ne pas quitter un endroit.	rester	036
㉘ Tout être humain.	homme	076
㉙ Durée de douze mois.	année	065
㉚ Endroit où les trains s'arrêtent et d'où ils partent.	gare	031
㉛ Objet en matière souple qui s'ouvre par le haut et qui sert à transporter diverses choses.	sac	073
㉜ Rester au même endroit jusqu'à l'arrivée de quelqu'un ou quelque chose.	attendre	022
㉝ Qui a une haute taille.	grand	016
㉞ Bâtiment où l'on habite.	maison	015
㉟ Terrain où l'on cultive des fleurs, des légumes, des arbres, etc.	jardin	054
㊱ Qui est heureux de quelque chose.	content	037
㊲ Pièce avec un lit où on peut dormir.	chambre	055
㊳ Liquide transparent qui n'a pas d'odeur et pas de goût.	eau	060
㊴ Entrer dans un endroit d'où l'on est sorti.	rentrer	040
㊵ Partie du corps humain située au bout du bras et qui permet de prendre ou de toucher.	main	034
㊶ Qui n'a pas encore un grand âge ou qui est moins âgé qu'un autre.	jeune	077
㊷ Qui vient après tous les autres.	dernier	053
㊸ Suite de wagons tirés par une locomotive sur des rails et transportant des voyageurs ou des marchandises.	train	056
㊹ Donner une information par la parole ou par l'écrit.	dire	010
㊺ Un objet, par opposition à un être vivant.	chose	038
㊻ Le repas du soir.	dîner	070

語義	解答	連番
㊼ Durée de vingt-quatre heures.	jour	025
㊽ Dans peu de temps.	vite	068
㊾ Diriger ses yeux vers quelque chose ou quelqu'un.	regarder	057
㊿ Mélange d'oxygène, d'azote et d'autres gaz qui entoure la Terre.	air	047
51 Le repas de midi.	déjeuner	067
52 Correspondre au goût de quelqu'un.	plaire	007
53 Véhicule à quatre roues et à moteur qui sert à se déplacer et peut transporter plusieurs personnes.	voiture	030
54 Quitter l'endroit où l'on est.	partir	003
55 Territoire d'une nation, limité par une frontière.	pays	078
56 Atteindre sa destination.	arriver	024
57 《être --------》 Penser de la même façon, avoir le même avis, accepter.	d'accord	064
58 Activité qui permet de gagner l'argent nécessaire pour vivre.	travail	013
59 Avoir de l'amour ou de l'affection pour une personne ou une chose.	aimer	005
60 Animal familier voisin du loup qui a un très bon flair.	chien	063
61 Il tombe de la pluie.	pleuvoir	059
62 Aller de l'intérieur d'un lieu à l'extérieur.	sortir	032
63 Être humain, garçon ou fille, jusqu'à l'adolescence.	enfant	021
64 Fermer les yeux et être en état de sommeil.	dormir	028
65 À une grande distance.	loin	071
66 Découvrir un lieu, un fait, un objet après avoir cherché ou par hasard.	trouver	044
67 Personne qui est sympathique, que l'on aime.	ami	011
68 Tout ce qui existe.	monde	041
69 Savoir quelque chose, être informé de quelque chose.	connaître	049
70 Avoir son logement quelque part.	habiter	018

語義	解答	連番
⑪ Absorber un aliment pour se nourrir.	manger	008
⑫ Avoir quelque chose en payant.	acheter	014
⑬ Reconnaître les mots, les phrases et comprendre leurs sens.	lire	046
⑭ Faire quelque chose complètement.	finir	012
⑮ Aller d'un endroit dans un autre.	passer	051
⑯ Début de la journée après le lever du soleil.	matin	017
⑰ Durée que l'on peut mesurer en heures, minutes et secondes.	temps	009
⑱ Adulte de sexe féminin.	femme	048
⑲ Milieu de la journée, entre le matin et l'après-midi.	midi	079
⑳ Connaître quelque chose, en avoir été informé.	savoir	020

Étape 2

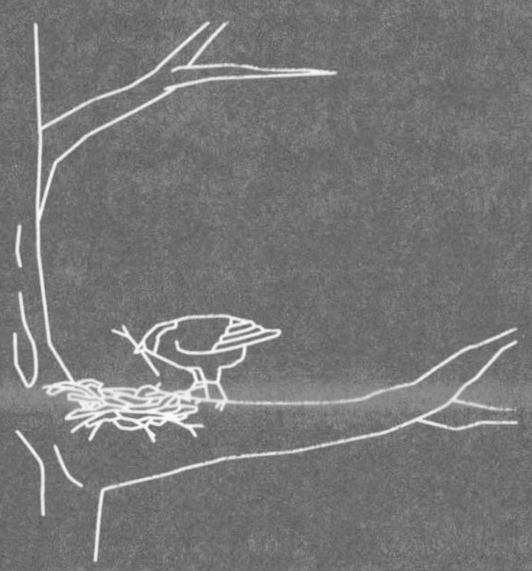

Petit à petit, l'oiseau fait son nid.
鳥は少しずつ巣を作る。

□□□ 081

table

/ tabl / テーブル

女 ① **Meuble formé d'une surface plane posée sur un ou plusieurs pieds et servant à divers usages.**

1つまたは複数の脚の上に設置された、平らな面で形成され、さまざまな目的に使われる家具

meuble 家具 **former** ～を形作る
surface 表面 **usage** 使用、用途

例 Cette **table** est utile pour jouer aux cartes.

このテーブルはトランプで遊ぶのに便利だ。

食卓

② **Meuble sur lequel sont servis les repas et autour duquel on s'assoit pour manger.**

その上に食事が出され、その周りに座って食事をする家具

例 À **table**!

食卓に着いて!

□□□ 082

droit, *e*

/ drwa, drwat / まっすぐな

形 **Qui est sans courbe.**

カーブのない

courbe カーブ、曲線

≒ rectiligne

⇔ brisée, *e*

例 Tirez une ligne **droite** sur le papier.

紙に直線を書きなさい。

まっすぐに

副 **En suivant une ligne droite.**

直線をたどって

ligne 直線

例 Pour aller à la poste, avancez tout **droit**.

郵便局に行くには、まっすぐ進んでください。

□□□ 083

bureau

/ byro / オフィス

男 ① Pièce où on travaille.

人が仕事をする部屋

ⓘ 複数形はbureaux。

例 Sophie arrive au **bureau** à neuf heures tous les matins.

ソフィーは毎朝9時にオフィスに着く。

机

② Table pour écrire.

ものを書くためのテーブル

例 Il y a beaucoup de documents sur son **bureau**.

彼の机の上は書類でいっぱいだ。

□□□ 084

promener

/ prɔmne / 〜を散歩させる

他 Sortir une personne ou un animal pour lui faire plaisir et lui faire faire de l'exercice physique.

人や動物を外に連れ出し、楽しませ、運動させる

physique 身体の

女 promenade 散歩

例 Elle **promène** son chien deux fois par jour.

彼女は犬を1日2回散歩させる。

se promener

/ sə prɔmne / 散歩する

代動 Aller d'un endroit à un autre sans hâte pour se distraire ou s'aérer.

気晴らしをしたり新鮮な空気を楽しんだりするために、急がずに、ある場所から別の場所に行く

hâte 急ぐこと　se distraire 気晴らしをする
s'aérer 外の空気を吸う

例 Mon père **se promène** dans le parc tous les matins.

父は毎朝公園を散歩する。

084語

□□□ 085

idée

/ ide / 考え

女 ① **Ce que l'on pense personnellement à propos d'une situation ou d'un sujet quelconque.**

何らかの状況や主題について人が個人的に考えること

personnellement 個人的に　**à propos de** ～について
sujet 主題　**quelconque** 何らかの

≒ opinion; point de vue

例 Il y a différentes **idées** à propos de ce problème.

その問題についてはいろいろな考え方がある。

アイデア

② **Ce qui vient à l'esprit quand on pense.**

考えるときに頭に浮かぶもの

≒ pensée; perspective

例 C'est une bonne **idée** de lui donner un livre.

彼女に本をプレゼントするというのはいいアイデアだ。

□□□ 086

place

/ plas / （もの・人が占める）場所

女 ① **Endroit où doit se trouver un objet ou une personne.**

ものや人がある、またはいるべき場所

例 Remets ce livre à sa **place**.

この本を元の場所に戻して。

座席

② **Endroit où l'on peut s'asseoir dans un transport en commun, une salle de spectacle, etc.**

公共交通機関やホールなどで人が座ることのできる場所

transport 交通機関　**en commun** 公共の
spectacle 見せ物、ショー

例 Il ne reste plus de **place** libre dans le bus.

バスにはもう空いている席がない。

□□□ 087

mal

/ mal / 悪

男 ① Ce qui est contraire à la morale.

道徳に反すること

contraire à ～に反する　**morale** 道徳

ⓘ 複数形はmaux。

例 Il n'est pas facile de distinguer le bien du **mal**.

善と悪を区別するのは簡単ではない。

痛み

② Souffrance physique ou morale.

身体的または道徳的な苦痛

souffrance 苦痛　**moral,** ***e*** 道徳の

例 Elle a **mal** à la tête depuis hier soir.

彼女は昨夜から頭が痛い。

悪く、下手に

副 D'une manière incorrecte ou qui n'est pas satisfaisante.

間違った、あるいは不十分な仕方で

incorrect, ***e*** 正しくない　**satisfaisant** 十分な、満足のいく

例 Je chante **mal**.

私は歌が下手だ。

□□□ 088

gentil, *le*

/ ʒɑ̃ti, -tij / 親切な

形 Qui est doux et agréable avec les autres.

他の人に対して優しくて感じのよい

≒ bienveillant, *e*; bon, *ne*

⇔ malveillant, *e*; méchant, *e*

例 Elle est très **gentille** avec les personnes âgées.

彼女はお年寄りにとても親切だ。

088語

□□□ 089

voix

/ vwa / 声

女 **Ensemble des sons émis par l'être humain quand il parle ou qu'il chante.**

人が話したり歌ったりするときに発する一連の音

émettre ～を発する

例 Cette chanteuse d'opéra a une très belle **voix**.

この女性オペラ歌手はとても美しい声をしている。

□□□ 090

appeler

/ aple / ～を呼ぶ

他 ① **Demander à quelqu'un de venir par une parole, un cri ou un geste.**

言葉や叫び、身振りによって誰かに来るように求める

cri 叫び　**geste** 身振り、ジェスチャー

男 appel 呼ぶこと

例 Pouvez-vous **appeler** un taxi pour moi?

タクシーを呼んでもらえますか。

～に電話をかける

② **Avertir quelqu'un par une sonnerie téléphonique pour l'inviter à accepter la communication.**

通話を受け入れてもらうために電話の音で誰かに通知する

avertir ～に知らせる　**sonnerie** ベル（の音）
téléphonique 電話の

例 Sarah **appelle** quelqu'un maintenant.

サラは今誰かに電話をかけている。

s'appeler

/ saple / ～という名前である

代動 **Avoir un nom ou un prénom.**

ある姓または名を持っている

例 Je **m'appelle** Vincent. Et toi?

僕はヴァンサンだよ。君は？

□□□ 091

tard

/ tar / 遅い時間に

副 **Après le temps habituel ou le temps voulu.**

通常の時間や望ましい時間のあとに

habituel いつもの

⇔ tôt

自 tarder 遅れる 形 tardif, *ve* 遅い

例 Je me couche **tard** d'habitude. 私はたいてい遅くに寝る。

□□□ 092

tout de suite

/ tu də sɥit / すぐに

熟 **Sans attendre, maintenant.**

待たずに、今

≒ aussitôt

例 Va te coucher **tout de suite**! すぐに寝なさい！

□□□ 093

boire

/ bwar / ～を飲む

他 **Avaler un liquide.**

液体を飲み込む

avaler ～を飲み込む

女 boisson 飲み物

例 Je **bois** du café au petit déjeuner. 私は朝食にコーヒーを飲む。

（大量の）酒を飲む

自 **Consommer de l'alcool avec excès.**

アルコールを過剰に摂取する

consommer ～を食べる、飲む **alcool** アルコール **avec excès** 過剰に

≒ s'enivrer

例 Il **a** trop **bu** hier soir. 彼はゆうべ飲みすぎた。

093語

□□□ 094

rue

/ ry / 通り

女 ① **Voie de communication dans une ville ou un village.**

町や村の中の交通路

voie 道

例 J'habite dans la **rue** Victor Hugo.

私はヴィクトル・ユゴー通りに住んでいる。

街頭、市街

② **Les milieux populaires.**

庶民の場所

populaire 庶民の、大衆の

例 Il y a beaucoup de marchands dans la **rue** pendant la saison touristique.

観光シーズン中は街頭には多くの商人がいる。

□□□ 095

apprendre

/ aprɑ̃dr / ～を学ぶ

他 ① **Étudier une chose pour la connaître.**

何かを知るために勉強する

≒ étudier

例 Elle **apprend** l'allemand depuis trois ans.

彼女は3年前からドイツ語を学んでいる。

～を知る

② **Être informé de quelque chose.**

何かについて知らされる

例 Il **a appris** la naissance de son fils ce matin.

彼は今朝、息子の誕生を知った。

□□□ 096

cuisine

/ kɥizin / 料理

女 ① **Préparation des aliments pour les repas.**

食事のための食品の調理

préparation 調理

他 cuisiner ～を料理する

例 Il fait la **cuisine** avec sa fille.

彼は娘と一緒に料理をしている。

キッチン、台所

② **Pièce où l'on prépare les repas.**

食事が調理される部屋

例 Ma mère prépare le petit déjeuner dans la **cuisine** maintenant.

母は今台所で朝食を作っている。

□□□ 097

photo

/ fɔto / 写真

女 **Image obtenue selon un procédé technique avec un appareil spécifique.**

特定の器具を使った技術的プロセスによって得られる画像

procédé 処理　spécifique 特定の

ⓘ photographieの略。

他 photographier ～の写真を撮る　形 photographique 写真の

例 J'aime prendre des **photos** quand je voyage.

旅行中に写真を撮るのが好きだ。

□□□ 098

film

/ film / 映画

男 **Œuvre cinématographique.**

映画の作品

cinématographique 映画の

例 J'ai vu un **film** intéressant à la télé hier.

昨日、テレビで面白い映画を見た。

□□□ 099

classe

/ klas / クラス

女 ① Ensemble des élèves qui suivent les mêmes cours pendant une année.

1年間同じコースを受講する生徒の集団

例 Il y a 30 élèves dans ma **classe**.

私のクラスには30人の生徒がいる。

授業

② Enseignement donné dans les écoles.

学校で行われる教育

例 Il n'y aura pas **classe** demain.

明日は授業がない（休校だ）。

□□□ 100

ouvrir

/ uvrir / （店などが）営業する

自 Recevoir des clients, des visiteurs.

顧客、訪問者を受け入れる

visiteur 訪問者

⇔ fermer

例 Le fleuriste **ouvre** de 10 heures à 17 heures.

その花屋は10時から17時まで営業している。

～を開ける

他 Permettre le passage en poussant une porte, en tournant un robinet, en enlevant le bouchon ou le couvercle.

ドアを押したり、蛇口をひねったり、栓やふたを外したりして、通過できるようにする

passage 通過　robinet 蛇口　enlever ～を取り外す
bouchon 栓　couvercle ふた

⇔ fermer

例 Nous **avons ouvert** un très bon vin pour fêter la promotion de notre fils.

私たちは息子の昇進を祝うために、とてもよいワインを開けた。

□□□ 101

famille

/ famij / 家族

女 **Ensemble formé par le père, la mère et les enfants.**

父、母、そして子どもたちによって形成されるグループ

例 Céline est en Australie avec sa **famille**.

セリーヌは家族とオーストラリアにいる。

□□□ 102

chat, *te*

/ ʃa, ʃat / 猫

名 **Animal qui est doux, qui a des moustaches et des griffes.**

ひげと爪のあるおとなしい動物

moustache 口ひげ **griffe** 爪

例 Elle a un **chat** noir.

彼女は黒猫を1匹飼っている。

□□□ 103

préférer

/ prefere / ～のほうを好む

他 **Aimer mieux quelque chose.**

何かをより好む

女 préférence 好み、選択　形 préférable 好ましい

例 Je **préfère** le thé au café.

私はコーヒーよりお茶が好きだ。

□□□ 104

vrai, *e*

/ vrɛ / 本当の、真実の

形 **Qui correspond à la réalité, qui s'est réellement passé.**

現実に合致する、現実に起こった

⇔ faux, *fausse*; mensonger, *ère*

女 vérité 真実　副 vraiment 本当に

例 Je collectionne les livres d'histoires **vraies**.

私は実話の本を集めている。

104語

□□□ 105

libre / libr / 自由な

形 ① **Qui n'est pas enfermé, qui a le droit d'agir ou parler sans contrainte.**

閉じ込められていない、制約なしに行動したり話したりする権利を持っている

enfermer ～を閉じ込める　agir 行動する
contrainte 制約

形 libéral, *e* 自由主義の　女 liberté 自由

例 Il n'y a pas d'homme **libre** dans ce pays.　この国に自由な人間はいない。

暇な

② **Qui n'a rien de particulier à faire, qui dispose de son temps.**

特に何もすることがない、時間が自由に使える

disposer de ～を自由に使える

例 Je suis toujours **libre** les dimanches soirs.　私は日曜日の夜はいつも空いている。

□□□ 106

demander / dəmɑ̃de / ～を尋ねる

他 ① **Poser une question.**

質問をする

女 demande 願い

例 À la gare, une femme m'**a demandé** son chemin.　駅で女性が私に道を尋ねた。

～を求める、頼む

② **Dire ce que l'on veut.**

欲するものを述べる

例 J'ai quelque chose à te **demander**.　君に頼みたいことがある。

□□□ 107

penser

/ pɑ̃se / 考える、思う

自 **Former des idées dans son esprit.** 心の中で考えを形成する

≒ raisonner; réfléchir

女 pensée 思考；考え

例 Tout le monde **pensait** qu'il avait raison. 誰もが彼が正しいと思っていた。

□□□ 108

vacance

/ vakɑ̃s / 休暇、バカンス

女 **Période de repos légale pendant laquelle on ne travaille pas.** 人が働かない合法的な休息期間

repos 休み **légal, *e*** 合法的な

≒ congé

ⓘ この意味では常に複数形で使う。

例 Ils ont passé leurs **vacances** à l'étranger. 彼らは休暇を海外で過ごした。

□□□ 109

entendre

/ ɑ̃tɑ̃dr / ～を聞く、～が聞こえる

他 ① **Percevoir un son qui arrive aux oreilles.** 耳に届く音を知覚する

percevoir ～を知覚する **oreille** 耳

例 J'**ai entendu** du bruit. 物音が聞こえた。

～を理解する

② **Comprendre tout à fait le sens des paroles de quelqu'un.** 誰かの言葉の意味を完全に理解する

形 entendu, *e* 了解された 女 entente 相互理解、了解

例 Elle n'**a** pas **entendu** ce que voulait dire Simon. 彼女はシモンが何を言いたいのかわからなかった。

□□□ 110

tôt / to / 早く

副 **Avant l'heure habituelle, dans les premières heures de la journée.**

通常の時間の前に、一日の早い時間に

⇔ tard

例 Il se couche et se lève **tôt**.

彼は早寝早起きだ。

□□□ 111

musique / myzik / 音楽

女 **Art d'assembler les sons pour les rendre mélodieux et agréables à entendre.**

音を組み立て、旋律の美しい聞き心地のよいものにする技術

assembler ～を組み立てる　**mélodieux,** ***se*** 旋律の美しい

例 Elle étudie en écoutant de la **musique**.

彼女は音楽を聞きながら勉強する。

□□□ 112

fleur / flœr / 花

女 **Partie d'une plante colorée et souvent parfumée.**

色鮮やかでしばしば香りのよい植物の一部

coloré, ***e*** 色鮮やかな　**parfumé,** ***e*** 香りのする

例 Il y a beaucoup de belles **fleurs** dans le jardin.

庭にはたくさんの美しい花がある。

□□□ 113

chaud, *e* / ʃo, ʃod / 熱い、暑い

形 **Qui a une haute température.**

温度の高い

⇔ froid, *e*; glacial, *e*

ⓘ Il fait chaud. で「暑い」という意味。

他 chauffer ～を温める、熱する

例 Vous voulez une tasse de chocolat **chaud**?

ホットココアを一杯いかがですか。

114

maladie

/ maladi / 病気

女 **Altération de la santé d'un être vivant.**

生き物の健康の悪化

altération (正常な状態からの)変化

形 malade 病気の

例 Ce médicament est efficace contre plusieurs **maladies**.

この薬はいくつもの病気に効果がある。

115

hôtel

/ otɛl / ホテル

男 **Établissement où l'on peut louer une chambre pour une nuit ou plusieurs nuits.**

1晩または数晩、部屋を借りることができる施設

例 L'**hôtel** était pratique, étant près de la gare.

そのホテルは駅の近くで便利だった。

116

avion

/ avjɔ̃ / 飛行機

男 **Appareil qui vole, qui a deux ailes, un ou plusieurs moteurs.**

2つの翼と1つまたは複数のエンジンを備えた、飛行する機械

aile 翼、羽

例 Cet **avion** arrivera bientôt à Paris.

この飛行機はまもなくパリに到着します。

117

professeur

/ prɔfɛsœr / 教師、教授

男 **Personne dont le métier est de donner des cours à des élèves ou des étudiants.**

生徒や学生に授業をすることを職業とする人

例 Le **professeur** de physique nous a donné beaucoup de devoirs.

物理の教師は私たちに多くの宿題を与えた。

□□□ 118

week-end

/ wikɛnd / 週末

男 **Les deux derniers jours de la semaine: samedi et dimanche.**

週の最後の2日間、つまり土曜日と日曜日

ⓘ 複数形はweek-ends。weekendともつづる。

例 Il travaille même le **week-end**.

彼は週末でさえ働いている。

□□□ 119

mer

/ mɛr / 海

女 **Très vaste étendue d'eau salée.**

非常に広大な範囲にわたる塩水

vaste 広大な　**étendue** 広がり　**salé, *e*** 塩分を含んだ

例 La **mer** est encore trop froide pour se baigner.

海はまだ海水浴をするには冷たすぎる。

□□□ 120

cas

/ ka / 場合

男 **Ce qui arrive.**

起こること

≒ circonstance; situation

例 Dans ce **cas**, viens déjeuner chez moi.

それなら、うちに昼ご飯を食べにおいでよ。

□□□ 121

besoin

/ bəzwɛ̃ / 必要

男 **Ce qui est nécessaire, ce qui manque.**

必要なもの、欠けているもの

ⓘ avoir besoin de（〜が必要だ）は重要表現。

例 J'ai **besoin** d'un stylo rouge.

赤ペンが必要です。

122

cours

/ kur / 講義、授業

男 **Suite de leçons données par un professeur.**

教師による一連の授業

例 J'ai trois **cours** le lundi.

私は月曜日には3時間授業がある。

123

longtemps

/ lɔ̃tɑ̃ / 長い間

副 **Pendant une longue durée.**

長い期間

durée 期間

例 Ça fait **longtemps** que je n'ai pas vu mon frère.

私は長い間兄に会っていない。

124

faim

/ fɛ̃ / 空腹

女 **Besoin de manger.**

食べたい欲求

ⓘ「空腹である」はavoir faimで表す。

例 J'ai très **faim** maintenant.

私は今とてもおなかがすいている。

125

village

/ vilaʒ / 村

男 **Groupe d'habitations à la campagne, qui possède des rues, une place, une mairie et parfois une école ou quelques commerces, etc.**

通り、広場、役場、そして時には学校やいくつかの商店などがある、田舎の一群の住居

habitation 住居 **posséder** ～を所有している

≒ bourgade

例 Elle est née dans un petit **village** au pied d'une montagne.

彼女は山のふもとの小さな村で生まれた。

125語

□□□ 126

pied

/ pje / 足

男 **Partie du corps humain qui se trouve à l'extrémité de la jambe et qui permet de se tenir debout et de se déplacer.**

脚の先端に位置し、立っていたり移動したりすることを可能にする体の部分

extrémité 端、先端

例 J'ai mal aux **pieds** après avoir marché toute la journée. 私は一日中歩いて足が痛い。

□□□ 127

nom

/ nɔ̃ / 名前

男 **Mot qui désigne un être ou une chose.**

生き物や事物を表す言葉

désigner ～を表示する

形 **nominal, *e*** 名前の　他 **nommer** ～を名づける

例 Écrivez votre **nom** de famille.

あなたの名字を書いてください。

□□□ 128

moment

/ mɔmɑ̃ / 瞬間

男 ① **Espace de temps assez court.**

かなり短い時間

≒ instant; minute; seconde

例 Attendez un **moment**, s'il vous plaît. ちょっと待ってください。

タイミング

② **Instant opportun, qui convient pour qu'une chose se passe.**

物事が起こるのにふさわしい適切な瞬間

opportun, *e* (時が)好都合な

例 Ce n'est pas le **moment** de plaisanter. 今は冗談を言う時ではない。

129

étudier

/ etydje / ～を勉強する

他 Chercher à apprendre quelque chose. 何かを学ぼうとする

女 étude 勉強

例 Kumi **étudie** l'italien à l'université. クミは大学でイタリア語を勉強している。

□□□ 130

problème

/ prɔblɛm / （実生活上の）問題

男 Difficulté à résoudre. 解決すべき困難

difficulté 困難　**résoudre** ～を解決する

≒ ennui; souci

例 Je n'ai aucun **problème** pour vous accompagner. 私にはあなたに同行することに何の問題もありません。

□□□ 131

préparer

/ prepare / ～を準備する、用意する

他 Faire ce qu'il faut pour qu'une chose soit prête. 物事を準備するために必要なことを行う

≒ organiser

女 préparation 準備

例 Ma sœur **prépare** notre petit déjeuner tous les jours. 妹は毎日私たちの朝食を作る。

□□□ 132

ensemble

/ ɑ̃sɑ̃bl / 一緒に

副 L'un avec l'autre, les uns avec les autres, en même temps. 人［人々］と共に、同時に

例 Julie et ses amis partent parfois en voyage **ensemble**. ジュリーと友だちはときどき一緒に旅行に出かける。

□□□ 133

point

/ pwɛ̃ / 点

男 ① Petit signe rond. 小さな丸い記号

signe 記号

例 Tracez une ligne droite entre les deux **points**. 2点間に直線を引きなさい。

論点

② Question particulière, problème précis. 特定の問題、具体的な問題

例 Je ne suis pas d'accord avec cet article sur deux **points**. 私はこの記事に2つの点で同意できない。

□□□ 134

fin

/ fɛ̃ / 終わり

女 Moment ou endroit où quelque chose se termine. 何かが終わる時または場所

形 final, *e* 終わりの、最後の 副 finalement 最後に、結局

例 J'irai faire du ski à la **fin** de l'année. 年末にスキーをしに行くつもりだ。

□□□ 135

gâteau

/ gato / ケーキ

男 Pâtisserie faite avec de la farine, des œufs, du beurre et du sucre. 小麦粉、卵、バター、砂糖で作った菓子

pâtisserie 菓子、ケーキ　farine 小麦粉

ⓘ 複数形はgâteaux。

例 Florent adore le **gâteau** au chocolat. フロランはチョコレートケーキが大好きだ。

136

bus / bys / バス

男 **Grand véhicule qui peut transporter un grand nombre de personnes.**

大勢の人を輸送することのできる大型車

ⓘ autobusの略語。

例 Plusieurs personnes attendent le **bus**.

何人もの人がバスを待っている。

137

visiter / vizite / ～を訪問する、見物する

他 **Parcourir un pays ou un lieu pour le découvrir et voir tout ce qui peut être intéressant.**

あらゆる面白そうなものを発見し、目にするために、国や場所を見て回る

parcourir ～を歩き回る、見て回る

女 visite 訪問　名 visiteur, *se* 訪問者

例 Nous **avons visité** le musée du Louvre pendant notre voyage.

私たちは旅行中にルーブル美術館を訪れた。

138

naître / nεtr / 生まれる

自 ① **Sortir du ventre de sa mère, commencer sa vie.**

母親の胎内から出る、人生を始める

女 naissance 誕生

例 Elle **est née** au printemps.

彼女は春に生まれた。

生じる

② **Commencer à exister.**

存在し始める

例 Ses poèmes **naissent** de son expérience.

彼の詩は自分の経験から生まれる。

138語

□□□ 139

revenir

/ rəvnir / 再び来る、戻ってくる

自 Venir de nouveau dans un lieu où l'on était déjà venu.

かつて来たことのある場所に再び来る

≒ repasser

例 Quand est-ce que vous **revenez** en France?

いつフランスに戻りますか。

□□□ 140

écouter

/ ekute / ～を聞く、～に耳を傾ける

他 Faire attention aux paroles et aux sons que l'on entend.

聞こえる言葉や音に注意を向ける

例 Amélie **écoute** de la musique dans sa chambre.

アメリは自分の部屋で音楽を聞く。

□□□ 141

vélo

/ velo / 自転車

男 Véhicule individuel à deux roues avec un guidon, deux pédales, parfois un moteur électrique.

ハンドル、2つのペダル、時に電気モーターを備えた、二輪の個人用の乗り物

individuel, *e* 個人用の　**guidon** ハンドル（バー）
pédale ペダル

例 Je vais à l'école en **vélo**.

私は自転車で学校に行く。

□□□ 142

recevoir

/ rəsəvwar / ～を受け取る

他 Prendre ce qui est donné ou envoyé.

与えられたものや送られたものを手にする

⇔ envoyer

形 reçu, *e* （世間に）受け入れられた

例 Elle **reçoit** ses lettres tous les mois.

彼女は毎月、彼の手紙を受け取る。

143

se lever
/ sə ləve /
起きる、起床する

代動 **Sortir du lit, se mettre debout.**
ベッドから出る、立ち上がる

⇔ se coucher

例 Les boulangers **se lèvent** très tôt le matin.
パン職人は朝早く起きる。

144

gens
/ ʒɑ̃ /
人々

男 **Personnes en nombre indéterminé.**
不特定の数の人々

indéterminé 不特定の

ⓘ 複数扱い。前に置かれる形容詞は女性形。

例 Beaucoup de **gens** sont venus au festival.
多くの人が祭りに来た。

145

désolé, *e*
/ dezɔle /
すまなく思った

形 **Qui est attristé, qui présente ses excuses pour une faute, une erreur.**
悲しい、過失や誤りに対して遺憾の意を表す

attristé, *e* 悲しい　**excuse** 言い訳　**faute** 間違い

他 désoler ～をひどく悲しませる

例 Nous sommes **désolés**, mais notre boutique est fermée le dimanche.
申し訳ありませんが、当店は日曜休業です。

146

vin
/ vɛ̃ /
ワイン

男 **Boisson alcoolisée faite à partir du jus de raisin ou d'autres fruits.**
ブドウやその他の果物の果汁から作られるアルコール飲料

alcoolisé, *e* アルコールを含んだ　**raisin** ブドウ

例 Achetons un bon **vin** de pays avant de partir.
出発する前においしい地元のワインを1本買おう。

146語

□□□ 147

à côté de / a kote də / ～のそばに

熟 **Près de.** ～の近く

例 La poste est tout près d'ici, juste **à côté de** ce bâtiment. 郵便局はこのすぐ近く、この建物の隣です。

□□□ 148

vieux, *vieille* / vjø, vjɛj / 古い

形 ① **Qui existe depuis longtemps ou qui a existé il y a longtemps.** 長い間存在している、またはずっと前に存在していた

≒ ancien, *ne*

⇔ récent, *e*

ⓘ 母音の前では男性単数形はvieilになる。

自 vieillir 年をとる、老いる

例 Elle aime la **vieille** horloge dans la salle à manger. 彼女は食堂の古い時計が好きだ。

年をとった

② **Qui a un grand âge.** とても年をとっている

≒ âgé, *e*

⇔ jeune

例 Un **vieil** homme marchait à l'aide d'une canne. 老人が杖をついて歩いていた。

昔からの

③ **Qui est ainsi depuis longtemps.** 長い間そのような状態である

例 C'est une **vieille** question dont on discute depuis des siècles. これは何世紀にもわたって議論されてきた古くからある問題だ。

□□□ 149

question

/ kɛstjɔ̃ / 質問

女 ① **Ce que l'on demande à quelqu'un pour avoir une réponse.**

答えを得るために誰かに尋ねる事柄

réponse 応答

≒ interrogation

他 questionner ～に質問する

例 Mon fils me pose sans cesse des **questions**.

息子は私にひっきりなしに質問をする。

問題

② **Sujet à examiner, à discuter.**

検討または議論する主題

examiner ～を検討する

≒ affaire; problème

例 Il n'a pas pu répondre à toutes les **questions** de l'examen.

彼は試験のすべての問題に答えることはできなかった。

□□□ 150

marcher

/ marʃe / 歩く

自 **Se déplacer en mettant un pied devant l'autre.**

一方の足をもう一方の足の前に出して移動する

例 Ma mère **marche** plus vite que moi.

母は私より速く歩く。

□□□ 151

thé

/ te / 茶

男 **Boisson obtenue en faisant infuser les feuilles séchées d'un arbuste d'Asie.**

アジアの低木の乾燥した葉を煎じて作られる飲み物

infuser ～を煎じる　**sécher** ～を乾燥させる
arbuste 低木　**Asie** アジア

例 Prenons de petits gâteaux avec du **thé**.

お茶と一緒に小さなケーキを食べましょう。

□□□ 152

musée

/ myze / 美術館、博物館

男 Édifice où sont conservés et exposés des œuvres d'art ou des objets qui présentent un intérêt particulier.

芸術作品や特定の関心を引くものを保管および展示する建物

édifice 建物　**conserver** ～を保存する
exposer ～を展示する　**intérêt** 興味、関心

例 Le **musée** du Louvre est ouvert aujourd'hui.

ルーブル美術館は今日開いている。

□□□ 153

âge

/ aʒ / 年齢

男 Nombre d'années depuis la naissance.

誕生以来の年数

形 âgé, *e* 年をとった、高齢の

例 Il a quel **âge**, ton frère?

君の弟はいくつ？

□□□ 154

courir

/ kurir / 走る

自 Avancer très vite.

とても速く前進する

例 Simone **court** tous les matins avant le petit-déjeuner.

シモーヌは毎朝、朝食前にランニングをしている。

□□□ 155

tête

/ tɛt / 頭

女 Partie du corps d'un être humain qui contient le cerveau et porte la bouche, le nez, les yeux et les oreilles.

脳を内蔵し、口、鼻、目、耳のある体の部分

contenir ～を含む　**cerveau** 脳　**nez** 鼻

≒ crâne

例 Mets tes mains sur ta **tête**.

手を頭の上に置け。

□□□ 156

histoire

/ istwar / 歴史

女 ① **Connaissance et récit des événements passés.**

過去の出来事に関する知識と逸話

connaissance 知識　récit 話　événement 出来事

形 historique 歴史的な、歴史に残る

例 Il s'intéresse à l'**histoire** chinoise.

彼は中国史に興味がある。

物語、話

② **Récit d'un événement réel ou inventé.**

実際の、または創作された出来事についての物語

inventer ～を発明する

≒ conte

例 L'**histoire** de son voyage en Afrique était très intéressante.

彼のアフリカ旅行の話はとても面白かった。

□□□ 157

porter

/ pɔrte / ～を持つ

他 ① **Soutenir une personne ou tenir un objet.**

人を支える、またはものを持つ

soutenir ～を支える

例 Laisse-moi **porter** tes bagages.

あなたの荷物を持たせて。

～を着ている

② **Avoir quelque chose sur soi.**

何かを身につけている

ⓘ mettreが「～を着る」という動作を表すのに対し、porterは「～を着ている」という状態を表す。帽子や眼鏡も目的語になる。

例 Elle **porte** des lunettes rouges.

彼女は赤い眼鏡をかけている。

□□□ 158

plaisir

/ plɛzir / 楽しみ、喜び

男 **Émotion que l'on ressent lorsqu'on est content.**

うれしいときに感じる感情

émotion 感情

≒ bien-être; contentement; satisfaction; bonheur; joie

例 C'est avec grand **plaisir** que je vous aide.

私は喜んであなたをお手伝いします。

□□□ 159

répondre

/ repɔ̃dr / 答える

自 **Dire ou écrire ce que l'on pense à une personne qui s'est adressée à vous.**

問いかけた人に対して、自分の考えを言ったり書いたりする

s'adresser à ～に問い合わせる

女 réponse 答え、返事

例 Je ne veux pas **répondre** à ses questions.

私は彼の質問に答えたくない。

□□□ 160

cinéma

/ sinema / （ジャンルとしての）映画

男 **① Art de faire des films.**

映画作品を作る技術

ⓘ 省略形はciné。

例 Ma mère aime le **cinéma** japonais.

母は日本の映画が好きだ。

映画館

② Salle où l'on peut voir des films.

映画を見ることができるホール

例 Je vais au **cinéma** ce week-end.

私は今週末、映画を見に行く。

章末ボキャブラリーチェック

次の語義が表すフランス語の語句を答えてください

語義	解答	連番
❶ Difficulté à résoudre.	problème	130
❷ Endroit où doit se trouver un objet ou une personne.	place	086
❸ Œuvre cinématographique.	film	098
❹ Recevoir des clients, des visiteurs.	ouvrir	100
❺ Nombre d'années depuis la naissance.	âge	153
❻ Édifice où sont conservés et exposés des œuvres d'art ou des objets qui présentent un intérêt particulier.	musée	152
❼ Pâtisserie faite avec de la farine, des œufs, du beurre et du sucre.	gâteau	135
❽ Avaler un liquide.	boire	093
❾ Très vaste étendue d'eau salée.	mer	119
❿ Faire ce qu'il faut pour qu'une chose soit prête.	préparer	131
⓫ Les deux derniers jours de la semaine: samedi et dimanche.	week-end	118
⓬ Grand véhicule qui peut transporter un grand nombre de personnes.	bus	136
⓭ Voie de communication dans une ville ou un village.	rue	094
⓮ Pendant une longue durée.	longtemps	123
⓯ Personnes en nombre indéterminé.	gens	144
⓰ Meuble formé d'une surface plane posée sur un ou plusieurs pieds et servant à divers usages.	table	081
⓱ Sortir du ventre de sa mère, commencer sa vie.	naître	138
⓲ Art d'assembler les sons pour les rendre mélodieux et agréables à entendre.	musique	111
⓳ Ensemble des sons émis par l'être humain quand il parle ou qu'il chante.	voix	089
⓴ Animal qui est doux, qui a des moustaches et des griffes.	chat	102

160語

語義	解答	連番
㉑ Partie d'une plante colorée et souvent parfumée.	fleur	112
㉒ Se déplacer en mettant un pied devant l'autre.	marcher	150
㉓ Groupe d'habitations à la campagne, qui possède des rues, une place, une mairie et parfois une école ou quelques commerces, etc.	village	125
㉔ Pièce où on travaille.	bureau	083
㉕ Ce que l'on demande à quelqu'un pour avoir une réponse.	question	149
㉖ Étudier une chose pour la connaître.	apprendre	095
㉗ Prendre ce qui est donné ou envoyé.	recevoir	142
㉘ Besoin de manger.	faim	124
㉙ Percevoir un son qui arrive aux oreilles.	entendre	109
㉚ Moment ou endroit où quelque chose se termine.	fin	134
㉛ Véhicule individuel à deux roues avec un guidon, deux pédales, parfois un moteur électrique.	vélo	141
㉜ Connaissance et récit des événements passés.	histoire	156
㉝ Suite de leçons données par un professeur.	cours	122
㉞ Parcourir un pays ou un lieu pour le découvrir et voir tout ce qui peut être intéressant.	visiter	137
㉟ Partie du corps d'un être humain qui contient le cerveau et porte la bouche, le nez, les yeux et les oreilles.	tête	155
㊱ Soutenir une personne ou tenir un objet.	porter	157
㊲ Qui n'est pas enfermé, qui a le droit d'agir ou parler sans contrainte.	libre	105
㊳ Altération de la santé d'un être vivant.	maladie	114
㊴ Image obtenue selon un procédé technique avec un appareil spécifique.	photo	097
㊵ Art de faire des films.	cinéma	160
㊶ L'un avec l'autre, les uns avec les autres, en même temps.	ensemble	132
㊷ Aimer mieux quelque chose.	préférer	103

語義	解答	連番
㊸ Ensemble des élèves qui suivent les mêmes cours pendant une année.	classe	099
㊹ Venir de nouveau dans un lieu où l'on était déjà venu.	revenir	139
㊺ Qui est doux et agréable avec les autres.	gentil	088
㊻ Espace de temps assez court.	moment	128
㊼ Chercher à apprendre quelque chose.	étudier	129
㊽ Boisson obtenue en faisant infuser les feuilles séchées d'un arbuste d'Asie.	thé	151
㊾ Boisson alcoolisée faite à partir du jus de raisin ou d'autres fruits.	vin	146
㊿ Appareil qui vole, qui a deux ailes, un ou plusieurs moteurs.	avion	116
51 Ce qui est contraire à la morale.	mal	087
52 Ce qui arrive.	cas	120
53 Qui a une haute température.	chaud	113
54 Poser une question.	demander	106
55 Former des idées dans son esprit.	penser	107
56 Qui est sans courbe.	droit	082
57 Qui est attristé, qui présente ses excuses pour une faute, une erreur.	désolé	145
58 Dire ou écrire ce que l'on pense à une personne qui s'est adressée à vous.	répondre	159
59 Personne dont le métier est de donner des cours à des élèves ou des étudiants.	professeur	117
60 Avancer très vite.	courir	154
61 Sans attendre, maintenant.	tout de suite	092
62 Ensemble formé par le père, la mère et les enfants.	famille	101
63 Demander à quelqu'un de venir par une parole, un cri ou un geste.	appeler	090
64 Sortir une personne ou un animal pour lui faire plaisir et lui faire faire de l'exercice physique.	promener	084

語義	解答	連番
⑥⑤ Partie du corps humain qui se trouve à l'extrémité de la jambe et qui permet de se tenir debout et de se déplacer.	pied	126
⑥⑥ Ce qui est nécessaire, ce qui manque.	besoin	121
⑥⑦ Mot qui désigne un être ou une chose.	nom	127
⑥⑧ Établissement où l'on peut louer une chambre pour une nuit ou plusieurs nuits.	hôtel	115
⑥⑨ Qui correspond à la réalité, qui s'est réellement passé.	vrai	104
⑦⓪ Préparation des aliments pour les repas.	cuisine	096
⑦① Après le temps habituel ou le temps voulu.	tard	091
⑦② Sortir du lit, se mettre debout.	se lever	143
⑦③ Près de.	à côté de	147
⑦④ Qui existe depuis longtemps ou qui a existé il y a longtemps.	vieux	148
⑦⑤ Émotion que l'on ressent lorsqu'on est content.	plaisir	158
⑦⑥ Période de repos légale pendant laquelle on ne travaille pas.	vacance	108
⑦⑦ Avant l'heure habituelle, dans les premières heures de la journée.	tôt	110
⑦⑧ Faire attention aux paroles et aux sons que l'on entend.	écouter	140
⑦⑨ Petit signe rond.	point	133
⑧⓪ Ce que l'on pense personnellement à propos d'une situation ou d'un sujet quelconque.	idée	085

Étape 3

Ne remettez jamais à demain ce que vous pouvez faire le jour même.
その日にできることを明日に延ばすな。

□□□ 161

cher, ère

/ ʃɛr /

高価な

形 ① Qui coûte beaucoup d'argent.

多額のお金がかかる

≒ coûteux, *se*; onéreux, *se*

⇔ bon marché

例 Cette robe est très jolie, mais trop **chère**.

このドレスはとても素敵だが、高すぎる。

大切な、いとしい

② Que l'on aime.

人が愛する

ⓘ 手紙などで名詞の前に置かれ、「親愛なる」を表すこともある。

例 Marie a perdu son fils qui lui était si **cher** dans un accident.

マリーは最愛の息子を事故で亡くした。

□□□ 162

fenêtre

/ fənɛtr /

窓

女 Ouverture faite dans un mur pour laisser passer la lumière.

光を入れるために壁に作られた開口部

ouverture 開口部、通路

例 Ouvrez la **fenêtre**, s'il vous plaît.

窓を開けてください。

□□□ 163

mauvais, *e*

/ mɔvɛ, -vɛz /

（質が）悪い

形 Qui n'est pas de bonne qualité ou qui n'a pas bon goût.

品質がよくない、または味がよくない

⇔ bon, *ne*

例 Ce savon est de **mauvaise** qualité.

このせっけんは質が悪い。

□□□ 164

montagne
/ mɔ̃taɲ / 山

女 **Forme de relief plus ou moins accidenté, provenant d'une élévation naturelle du sol.**

地面の自然な隆起に由来する、多かれ少なかれ起伏のある地形

relief 起伏、地形　accidenté, *e* 起伏のある
provenir de ～に由来する　élévation 上昇　sol 土地

例 La **montagne** est couverte de neige.
山は雪で覆われている。

□□□ 165

nuit
/ nɥi / 夜

女 **Temps qui se passe entre le coucher du soleil et le lever du soleil.**

日没から日の出までに経過する時間

例 Il fait froid la **nuit** ces derniers temps.
最近、夜は寒い。

□□□ 166

triste
/ trist / 悲しい、寂しい

形 ① **Qui a de la peine, du chagrin, qui a envie de pleurer.**

苦しみ、悲しみのある、泣きたい

peine 苦しみ　chagrin 悲しみ　avoir envie de ＋ *inf.* ～したい

≒ désolé, *e*; malheureux, *se*

⇔ content, *e*; heureux, *se*; ravi, *e*

副 tristement 悲しく、悲しそうに　女 tristesse 悲しみ

例 Elle est **triste** qu'il parte.
彼女は彼が行ってしまうのが悲しい。

166語

陰気な

② **Qui a l'air malheureux.**

不幸な雰囲気の

例 Je n'aime pas cette chambre **triste**.
私はこの陰気な部屋が好きではない。

□□□ 167

peut-être

/ pøtɛtr / たぶん

副 **Indique la possibilité.**

可能性を示す

possibilité 可能性

⇔ certainement; sûrement

例 Elle ne viendra pas, **peut-être**.

おそらく彼女は来ないだろう。

□□□ 168

poste

/ pɔst / 郵便局

女 **Bâtiment où des personnes s'occupent du courrier que l'on envoie et que l'on reçoit.**

人が送ったり受けとったりする郵便物が処理されている建物

courrier 郵便物

形 postal, *e* 郵便の

例 Je vais à la **poste** pour envoyer un colis.

私は郵便局に荷物を送りに行くところだ。

□□□ 169

fermer

/ fɛrme / ～を閉じる

他 **Empêcher le passage.**

通過を妨げる

例 J'ai froid, **ferme** la fenêtre.

寒いよ、窓を閉めて。

□□□ 170

mari

/ mari / 夫

男 **Homme uni à une autre personne par le mariage.**

結婚によって他の人と結ばれた男性

≒ époux; conjoint

⇔ femme

例 Mon **mari** se souvient bien de notre mariage.

夫は私たちの結婚式をよく覚えている。

171

monter
/ mɔ̃te / 登る、上がる

自 **Aller du bas vers le haut.** 下から上に移動する

例 Je veux **monter** en haut de la Tour Eiffel. エッフェル塔のてっぺんに登りたい。

172

heureux, *se*
/ œrø, -røz / 幸せな、楽しい

形 **Qui est plein de joie, de bonheur.** 喜びと幸せに満ちた

⇔ malheureux, *se*

副 heureusement 運よく

例 Catherine a l'air très **heureuse** dans son nouveau lycée. カトリーヌは新しい高校でとても楽しそうだ。

173

prêter
/ prete / ～を貸す

他 **Permettre à une personne d'utiliser une chose à condition qu'elle la rende.** 返すことを条件に人にものの使用を許可する

⇔ emprunter

例 Tu me **prêtes** ton stylo? 君のペンを貸してくれる?

174

partie
/ parti / 一部

女 **Morceau, élément ou passage d'un tout.** 全体の断片、要素または一節

élément 要素

例 J'ai écrit une **partie** de ce livre. 私はこの本の一部を書いた。

174語

□□□ 175

porte
/ pɔrt / ドア、扉

女 **Panneau mobile qui sert à fermer une ouverture et qui permet d'entrer et de sortir.**

開口部を閉じるのに使われ、出たり入ったりすることを可能にする動く板

panneau 板、パネル　**mobile** 動く、可動の

例 La **porte**, s'il vous plaît!　ドアを開けてください!

□□□ 176

bientôt
/ bjɛ̃to / すぐに

副 **Dans peu de temps.**

わずかな時間ののちに

例 Je vais **bientôt** partir pour la France.　私はまもなくフランスに向けて出発します。

□□□ 177

descendre
/ desɑ̃dr / 降りる、下る

自 **Aller en bas.**

下に行く

bas 低いところ

⇔ monter

女 descente 下降

例 Je **descends** du train à la prochaine gare.　私は次の駅で電車を降ります。

□□□ 178

étudiant, *e*
/ etydjɑ̃, -djɑ̃t / 学生

名 **Personne qui apprend à l'université après le lycée.**

高校卒業後に大学で学んでいる人

例 Ma sœur est **étudiante** à l'Université de Paris.　姉はパリ大学の学生だ。

□□□ 179

aider

/ ɛde / ～を助ける、手伝う

他 **Soutenir quelqu'un dans une action, lui porter secours.**

行動において誰かをサポートする、援助を与える

secours 援助

女 aide 助け、援助

例 Jean **aide** souvent sa femme à cuisiner.

ジャンはよく妻が料理するのを手伝う。

□□□ 180

lit

/ li / ベッド

男 **Meuble fait pour se coucher.**

寝るために作られた家具

例 L'enfant est tombé du **lit** en dormant.

その子どもは寝ていてベッドから落ちた。

□□□ 181

par exemple

/ par ɛgzɑ̃pl / 例えば

熟 **Pour compléter une explication, pour préciser ce que l'on vient de dire.**

説明を補うために、言ったことを明確にするために

compléter ～を完成させる　explication 説明
préciser ～を明確にする

例 Donne-moi des noms d'animaux, **par exemple**, un chien.

動物の名前を私に言ってみて、例えば犬とか。

□□□ 182

concert

/ kɔ̃sɛr / コンサート

男 **Spectacle où l'on écoute de la musique.**

音楽を聞くショー

例 Je vais au **concert** avec mon mari ce soir.

私は今晩、夫とコンサートに行く。

182語

□□□ 183

poisson

/ pwasɔ̃ / 魚

男 Animal qui vit dans l'eau, qui a le corps couvert d'écailles et des nageoires.

うろことひれで覆われた体を持つ、水中に生息する動物

écaille うろこ **nageoire** ひれ

例 Julie ne peut pas manger de **poisson** cru.

ジュリーは生の魚が食べられない。

□□□ 184

parapluie

/ paraplɥi / 傘

男 Objet fait d'un tissu imperméable monté sur un manche, qui sert à se protéger de la pluie.

雨から身を守るために使われる、柄に取り付けられた防水布で作られたもの

tissu 織物、布地 **imperméable** 水を通さない、防水の **manche** 柄、取っ手

例 Il va pleuvoir, prends ton **parapluie**!

雨が降りそうだよ、傘を持っていきなさい!

□□□ 185

froid, *e*

/ frwa, frwad / 冷たい、寒い

形 Dont la température est peu élevée.

温度が低い

⇔ chaud, *e*

例 Cette pièce est très **froide**.

この部屋はとても寒い。

□□□ 186

pain

/ pɛ̃ / パン

男 Aliment fait d'un mélange de farine, d'eau, de levure et de sel et qui est cuit au four.

小麦粉、水、酵母、塩を混ぜてオーブンで焼いた食品

levure 酵母 **cuire** ～を焼く、煮る **four** オーブン

例 Je mange du **pain** au petit déjeuner.

私は朝食にパンを食べる。

□□□ 187

comprendre

/ kɔ̃prɑ̃dr / 〜を理解する、わかる

他 **Savoir ce que les mots ou les choses signifient.**

言葉や物事が意味していることがわかる

signifier 〜を意味する、表す

女 compréhension 理解力

形 compréhensi*f, ve* 理解のある、寛大な

例 Il ne **comprend** pas bien l'allemand.

彼はドイツ語があまりわからない。

□□□ 188

changer

/ ʃɑ̃ʒe / 変わる

自 ① **Devenir différent.**

異なるものになる

≒ se transformer

男 changement 変更

例 Cette ville n'**a** pas **changé** depuis 10 ans.

この町は10年前から変わっていない。

替える、取り換える

② **Remplacer une chose par une autre.**

あるものを別のものに置き換える

例 On va **changer** de train à Nice.

ニースで電車を乗り換えるよ。

〜を変える

他 **Rendre une personne ou une chose différente.**

人やものを違うものにする

例 Je veux **changer** la couleur de mes cheveux.

髪の色を変えたいな。

188語

□□□ 189

joli, *e*

/ ʒɔli / きれいな、かわいい

形 **Qui est agréable à regarder ou à écouter.**

見たり聞いたりして心地よい

≒ beau, *belle*; harmonieux, *se*

⇔ laid, *e*

例 Alice est très **jolie** avec ce chapeau.

アリスはその帽子をかぶるととてもかわいい。

□□□ 190

raison

/ rɛzɔ̃ / 理由

女 **Ce qui explique pourquoi.**

なぜかを説明するもの

≒ cause; motif

自 raisonner 推論する　形 raisonnable 分別のある

例 Explique-moi la **raison** de ton absence.

君の欠席の理由を僕に説明して。

□□□ 191

couleur

/ kulœr / 色

女 **Impression que la lumière produit sur l'œil.**

光が目に生じさせる印象

ⓘ「塗料、絵の具」という意味もある。

例 De quelle **couleur** est votre sac?

あなたのかばんは何色ですか。

□□□ 192

lait

/ lɛ / ミルク、乳

男 **Liquide blanc dont se nourrissent les bébés et les petits de certains animaux.**

赤ん坊や特定の動物の子どもが摂取する、白い液体

例 Mets du **lait** dans mon café.

僕のコーヒーにミルクを入れて。

193

salle
/ sal / 部屋

女 ① **Pièce d'une habitation ou d'un bureau.**
住居やオフィスの部屋

例 Ils sont entrés dans la **salle** à manger.
彼らは食堂に入った。

会場、ホール

② **Grand local pour recevoir le public.**
公衆を受け入れるための広い場所

例 La **salle** a une capacité de 600 personnes.
そのホールは600人収容できる。

□□□ 194

piano
/ pjano / ピアノ

男 **Instrument de musique à cordes frappées dont on obtient les sons en appuyant sur les touches noires et blanches du clavier.**
黒鍵と白鍵を押すことで音が出る、打弦楽器

corde 弦　frapper ～を打つ　appuyer sur ～を押す
touche（ピアノの）鍵　clavier 鍵盤

ⓘ「ピアニスト」はpianisteと言う。

例 Elle joue du **piano** avant le dîner.
彼女は夕食前にピアノを弾く。

□□□ 195

hôpital
/ ɔpital / 病院

男 **Établissement où les malades sont soignés ou opérés et où ils peuvent séjourner.**
病人が治療や手術を受け、滞在できる施設

malade 病人　soigner ～を治療する、～の手当てをする
opérer ～を手術する　séjourner 滞在する

ⓘ 複数形はhôpitaux。

例 Je vais à l'**hôpital** cet après-midi.
今日の午後は病院に行く予定です。

195語

□□□ 196

chocolat

/ ʃɔkɔla / チョコレート

男 ① **Mélange en poudre de cacao et de sucre.**

カカオの粉末と砂糖の混合物

poudre 粉

例 J'ai fait un gâteau au **chocolat** hier.

私は昨日チョコレートケーキを焼いた。

ココア

② **Boisson faite avec de la poudre de cacao et du lait.**

カカオの粉末と牛乳で作った飲み物

例 Sophie adore le **chocolat** chaud.

ソフィーはホットココアが大好きだ。

□□□ 197

terre

/ tɛr / [しばしばTerreで] 地球

女 ① **Planète où vivent les êtres humains.**

人間が住む惑星

形 terrestre 地球の

例 La **Terre** est une des planètes du Soleil.

地球は太陽の惑星の一つだ。

地面、大地

② **Matière qui permet aux végétaux de pousser, sol sur lequel vivent les hommes et les animaux.**

植物の成長を可能にする物質、その上で人間や動物が生活する土地

végétal 植物

≒ sol

例 La **terre** n'est pas assez riche ici pour l'agriculture.

ここの土地は農業ができるほど豊かではない。

□□□ 198

chanter

/ ʃɑ̃te / 歌う

自 **Faire des sons musicaux avec sa voix.** 声で音楽的な音を出す

名 chanteur, *se* 歌手

例 Pierre **chante** et danse bien. ピエールは歌うのも踊るのもうまい。

□□□ 199

vraiment

/ vrɛmɑ̃ / 本当に

副 **D'une manière semblable à la réalité.** 現実と同じような仕方で

semblable à 〜に似た

≒ véritablement

ⓘ「とても」という強調の意味でも使う。

形 vrai, *e* 本当の

例 Vous avez **vraiment** vécu en Afrique? あなたは本当にアフリカで生活したことがあるんですか。

□□□ 200

sens

/ sɑ̃s / 意味

男 ① **Ce qu'un mot veut dire.** 言葉の意味するもの

例 Je ne comprends pas le **sens** de cette phrase. 私はこの文の意味がわからない。

方向

② **Direction dans laquelle se fait un déplacement.** 移動が行われる向き

déplacement 移動

例 Cette rue est en **sens** unique. この通りは一方通行だ。

201

se coucher
/ sə kuʃe / 寝る

代動 **Se mettre au lit pour dormir.**
眠るためにベッドに入る

⇔ se lever

ⓘ「〈太陽などが〉沈む」という意味もある。

形 couché, *e* 就寝した

例 Comme je suis fatigué, je vais **me coucher** tôt ce soir.
疲れたから今晩は早く寝るつもりだ。

202

au lieu de
/ o ljø də / ～の代わりに

熟 **À la place de, plutôt que de.**
～の代わりに、～よりむしろ

例 Agis **au lieu de** te plaindre.
文句を言っていないで行動しなさい。

203

vendeur, *se*
/ vɑ̃dœr, -døz / 店員

名 **Personne qui travaille dans un magasin ou sur un marché et qui s'occupe des clients.**
店や市場で働き、接客をする人

≒ marchand, *e*

他 vendre ～を売る　女 vente 販売

例 Tous les **vendeurs** de ce magasin sont gentils.
この店の店員は皆親切だ。

204

repas
/ rəpa / 食事

男 **Nourriture que l'on mange à certains moments de la journée.**
一日の特定の時間に食べる食べ物

nourriture 食べ物

例 Je n'aime pas prendre un **repas** seul.
私は一人で食事をするのは好きではない。

□□□ 205

clé

/ kle / かぎ

女 **Objet en métal que l'on tourne dans une serrure pour ouvrir ou fermer.**

開け閉めするために錠に入れて回す、金属でできたもの

serrure 錠

ⓘ clefともつづる。

例 J'ai perdu la **clé** de ma voiture.

私は車のかぎをなくしてしまった。

□□□ 206

élève

/ elɛv / 生徒

名 **Enfant ou adulte qui reçoit un enseignement d'un professeur.**

教師から指導を受ける子どもまたは大人

例 Ce professeur est aimé de ses **élèves**.

その先生は生徒たちに慕われている。

□□□ 207

prêt, *e*

/ prɛ, prɛt / 準備ができて

形 **Qui est capable ou en état d'accomplir une action.**

行動を起こす能力がある、または起こせる状態にある

例 Elle est **prête** pour l'examen.

彼女は試験の準備ができている。

□□□ 208

voyage

/ vwajaʒ / 旅、(長距離の)移動

男 **Déplacement vers un lieu éloigné par tout moyen de locomotion (voiture, avion, bateau, train, etc.).**

(車、飛行機、船、電車などの)あらゆる移動手段による、遠い場所への移動

éloigné, *e* 遠い、離れた　locomotion 移動

自 voyager 旅をする

例 Elle est partie en **voyage** aux États-Unis.

彼女はアメリカへ旅行に出かけた。

208語

□□□ 209

médecin

/ medəsɛ̃ / 医師

男 **Personne qui a un diplôme de docteur en médecine.**

医師免許を取得している人

diplôme 免許 **médecine** 医学

≒ docteur; *doctoresse*

女 médecine 医学 形 médical, *e* 医学の

例 Va chercher le **médecin**!

お医者さんを呼んできて！

□□□ 210

vie

/ vi / 命

女 ① **Fait de vivre.**

生きていること

自 vivre 生きる；生活する 形 vital, *e* 生命の

例 L'insecte n'est plus en **vie**.

その虫はもう生きていない。

人生

② **Temps qui s'écoule entre la naissance et la mort.**

誕生から死までの間に流れる時間

s'écouler 流れる

例 Ce poète a passé toute sa **vie** dans la même ville.

その詩人は一生同じ町で過ごした。

生計、生活費

③ **Ce que coûtent la nourriture, le logement, l'habillement, tout ce qui est nécessaire pour exister.**

食べ物、住居、衣服、つまり生活に必要なすべてのものの費用

habillement 衣服

例 La **vie** est chère dans cette ville.

この町では生活費が高い。

□□□ 211

laisser

/ lese / ～を残す、置いていく

他 ① **Ne pas emmener quelqu'un ou quelque chose avec soi.**

誰かを連れていかない、何かを持っていかない

例 Elle **a laissé** la clé sur le bureau.

彼女は机の上にかぎを置いてきた。

～させてやる

② **Permettre à quelqu'un de faire quelque chose.**

人に何かをすることを許す

⇔ empêcher

例 **Laisse**-moi voyager seule.

私に一人で旅行をさせて。

□□□ 212

argent

/ arʒɑ̃ / お金

男 ① **Ensemble des billets et des pièces que l'on utilise pour payer.**

支払いに使う紙幣と硬貨の総体

例 Je n'ai pas assez d'**argent** pour acheter une moto.

バイクを買うのに十分なお金がない。

銀

② **Métal blanc et brillant.**

白くて光沢のある金属

brillant, *e* 輝く

例 Le couteau est en **argent**.

そのナイフは銀製だ。

□□□ 213

légume

/ legym / 野菜

男 **Plante dont on mange les feuilles, les tiges, les racines ou les graines.**

葉、茎、根または種が食べられる植物

tige 茎　**racine** 根

例 Les **légumes** sont très chers dans ce magasin.

この店では野菜がとても高い。

□□□ 214

coûter

/ kute / 値段が〜である

自 **Avoir un certain prix.**

ある値段がついている

≒ valoir

形 coûteux, *se* 高価な

例 Je voudrais acheter cette montre, elle **coûte** combien?

この腕時計を買いたいのですが、おいくらですか。

□□□ 215

robe

/ rɔb / ワンピース

女 **Vêtement féminin court ou long, ample ou étroit.**

丈が短かったり長かったり、幅がゆったりしていたりタイトだったりする婦人服

ample ゆったりとした　**étroit,** ***e*** 狭い、窮屈な

例 Elle a acheté une belle **robe** blanche.

彼女は美しい白いワンピースを買った。

□□□ 216

devenir

/ dəvnir / 〜になる

自 **Commencer à être.**

なり始める

例 Le rêve d'Alain est de **devenir** Youtubeur.

アランの夢はユーチューバーになることだ。

217

journal / ʒurnal / 新聞

男 **Publication qui paraît généralement chaque jour et qui donne des informations.**

一般的に毎日発行され、情報を提供する出版物

publication 出版物 **paraître** 刊行される、出版される

ⓘ 複数形はjournaux。

例 Il lit un **journal** au café tous les matins.

彼は毎朝、カフェで新聞を読む。

218

intéressant, *e* / ɛ̃teresɑ̃, -sɑ̃t / 面白い

形 **Qui retient l'attention.**

注意を引く

retenir 〈注目・関心など〉を引く

≒ passionnant, *e*

⇔ ennuyeux, *se*; inintéressant, *e*

男 intérêt 関心；利益 他 intéresser ～に興味を持たせる

例 Les romans de Camus sont très **intéressants**.

カミュの小説はとても面白い。

219

conduire / kɔ̃dɥir / 車を運転する

自 **Faire rouler et diriger un véhicule.**

乗り物を動かし操縦する

ⓘ「〈車〉を運転する」という他動詞としても使う。

例 Mon père **conduit** très bien.

父は車の運転がとても上手だ。

～を導く

他 **Emmener quelqu'un quelque part.**

人をどこかに連れていく

≒ accompagner; emmener

例 Ce bus vous **conduit** à la gare.

このバスに乗れば駅に行けますよ。

219語

□□□ 220

difficile

/ difisil / 難しい

形 **Qui ne se fait pas facilement.**

簡単にはできない

≒ compliqué, *e*; dur, *e*

⇔ facile; simple

女 difficulté 難しさ、困難

例 Il est **difficile** de répondre à cette question.

その質問に答えるのは難しい。

□□□ 221

pomme

/ pɔm / りんご

女 **Fruit rond, jaune, vert ou rouge, qui a des pépins et dont la chair juteuse peut être acide ou sucrée.**

種があり、果汁に酸味や甘みがある、黄色、緑、または赤の丸い果実

pépin 種　juteux, *se* 汁気の多い
acide 酸っぱい　sucré, *e* 甘い

例 Je veux boire du jus de **pomme**.

私はりんごジュースが飲みたい。

□□□ 222

lettre

/ lɛtr / 手紙

女 **Texte que l'on écrit à quelqu'un et que l'on signe.**

誰かに向けて書き、署名する文章

例 Quand je reçois une **lettre**, je la relis plusieurs fois.

私は手紙を受け取ると、何度も読み返す。

□□□ 223

jupe

/ ʒyp / スカート

女 **Vêtement féminin qui serre la taille et qui descend jusqu'aux jambes.**

腰で締め、脚まで下がる女性服

例 Cette **jupe** est un peu trop grande pour moi.

このスカートは私には少し大きすぎる。

224

mort, *e*　/ mɔr, mɔrt /　死んだ

形 **Qui a cessé de vivre.**　生きるのをやめた

cesser やめる

自 mourir 死ぬ　形 mortel, *le* 生命にかかわる

例 Mon père est **mort** depuis longtemps.　私の父はずいぶん前に亡くなっている。

死

女 **Arrêt définitif de la vie.**　生命の決定的な停止

arrêt 停止　**définiti*f*, *ve*** 決定的な、最後の

例 C'est une question de vie ou de **mort**.　それは生きるか死ぬかの問題だ。

225

entrer　/ ɑ̃tre /　入る

自 **Aller de l'extérieur à l'intérieur.**　外から内へ行く

≒ pénétrer

⇔ sortir

女 entrée 入場、入学；入り口

例 Vous pouvez **entrer** dans ce restaurant avec votre chien.　このレストランは犬同伴で入ることができますよ。

226

cravate　/ kravat /　ネクタイ

女 **Bande de tissu que l'on passe sous le col d'une chemise et que l'on noue devant.**　シャツの襟の下を通し前面で結ぶ、帯状の織物

bande 帯　**col** 襟　**nouer** ～を結ぶ

例 Lucas porte toujours une **cravate** bleue.　ルカはいつも青いネクタイをしている。

226語

□□□ 227

façon

/ fasɔ̃ / 仕方

女 Manière de faire.

やり方

例 Votre **façon** de penser est proche de la mienne.

あなたの考え方は私と近い。

□□□ 228

campagne

/ kɑ̃paɲ / 田舎

女 Partie d'un pays couverte de champs, de bois, de prés, en-dehors des villes.

都市の外にある、野原や森、牧草地で覆われた地方の部分

⇔ ville

例 Ma famille passe ses vacances d'été à la **campagne**.

わが家は夏休みは田舎で過ごす。

□□□ 229

gros, *se*

/ gro, ros / 太った

形 Qui a trop de graisse, qui est lourd et épais.

脂肪が多すぎる、重くてずんぐりした

graisse 脂肪　**épais, *se*** ずんぐりした

≒ volumineux, *se*; corpulent, *e*

⇔ petit, *e*; maigre; mince

自 grossir 太る、大きくなる

例 Notre chat est **gros**.

わが家の猫は太っている。

□□□ 230

fruit

/ frɥi / フルーツ

男 Partie d'une plante ou d'un arbre qui contient les graines et qui provient de la fleur.

花から生じる、種を含む草花または木の一部

例 Elle aime acheter des **fruits** au marché.

彼女は市場で果物を買うのが好きだ。

□□□ 231

vivre / vivr / 住む

自 ① Habiter dans un lieu. ある場所に住む

≒ résider

女 vie 人生；命；生活費

例 Je **vis** à Paris avec mon mari français. 私はフランス人の夫と一緒にパリに住んでいる。

生活する、暮らす

② Passer sa vie d'une certaine façon. 特定の仕方で生活を送る

例 Elle **a vécu** seule toute sa vie. 彼女は生涯、孤独に暮らした。

生きる

③ Être en vie. 生きている

例 Le peintre **a vécu** 90 ans. その画家は90歳まで生きた。

□□□ 232

cause / koz / 原因

女 Ce qui fait qu'un événement arrive. 出来事を生じさせるもの

≒ origine

⇔ conséquence

他 causer ～の原因となる、～を引き起こす

例 Nous n'avons pas pu aller pêcher à **cause** de la pluie. 雨のため、私たちは釣りに行けなかった。

□□□ 233

chanson /ʃɑ̃sɔ̃/ 歌

女 **Texte que l'on chante sur une musique.**

音楽に合わせて歌われる言葉

≒ chant

例 Ma sœur aime écouter des **chansons** étrangères.

姉は外国の歌を聞くのが好きだ。

□□□ 234

adorer /adɔre/ ～が大好きだ

他 **Aimer beaucoup quelque chose.**

何かを非常に愛する

⇔ détester

形 adorable とてもかわいい　女 adoration 熱愛

例 J'**adore** le gâteau au fromage.

私はチーズケーキが大好きだ。

□□□ 235

soleil /sɔlɛj/ 太陽

男 ① **Astre qui envoie la lumière et la chaleur à la Terre qui tourne autour de lui avec les autres planètes.**

地球が他の惑星と共にそれを周回する、地球に光と熱を送っている天体

astre 天体　chaleur 熱

ⓘ 天体用語としては大文字で始めることが多い。

例 La Terre tourne autour du **Soleil**.

地球は太陽の周りを回る。

日光

② **La lumière du soleil.**

太陽の光

例 Il y a du **soleil** aujourd'hui.

今日は日が出ている。

□□□ 236

arbre

/ arbr / 木

男 **Plante souvent grande qui a un tronc et des branches.**

幹と枝のある、しばしば背の高い植物

plante 植物　tronc 幹　branche 枝

例 Une fille lit un livre sous un **arbre**.

一人の少女が木の下で本を読んでいる。

□□□ 237

société

/ sɔsjete / 社会

女 **Ensemble des être vivants qui partagent un même territoire et qui forment un groupe organisé.**

同じ地域に住み、組織された集団を形成する生き物の一団

partager ～を共有する

≒ collectivité; communauté

形 social, *e* 社会の

例 Chaque homme est un membre de la **société**.

どの人間も社会の一員だ。

□□□ 238

rendre

/ rɑ̃dr / ～を返す、戻す

他 ① **Remettre à un propriétaire l'objet qui lui appartient.**

所有者に、その人の所有物を手渡す

remettre ～を手渡す、戻す　propriétaire 所有者
appartenir à ～のものである

例 **Rends**-moi mon cahier demain.

明日私のノートを返して。

～を…にする

② **Faire devenir dans un certain état quelqu'un ou quelque chose.**

誰かあるいは何かを特定の状態にならせる

例 Sa lettre l'**a rendue** heureuse.

彼の手紙は彼女を幸せにした。

238語

□□□ 239

surtout

/ syrtu / 何よりも、とりわけ

副 **Plus que tout autre chose.**

他の何よりも

≒ particulièrement; spécialement

例 Il fait très froid ici en hiver, **surtout** en février.

ここでは冬、特に2月はとても寒い。

□□□ 240

fort, *e*

/ fɔr, fɔrt / 強い

形 ① **Qui a de grandes capacités physiques, qui est musclé.**

身体能力が高い、筋骨たくましい

capacité 能力　musclé, *e* 筋骨たくましい

女 force 力

例 Il est plus **fort** que son grand frère.

彼は兄よりも力が強い。

優れている

② **Qui a des connaissances, qui obtient d'excellents résultats dans un domaine particulier.**

特定の分野で知識を持っている、優れた結果を達成している

domaine 分野

例 Il est très **fort** en mathématiques.

彼は数学がとても得意だ。

強く

副 **Avec énergie, avec intensité.**

力と共に、強さをもって

intensité 強度

例 Parlez plus **fort**, je ne vous entends pas bien.

もっと大きい声で話してください、よく聞こえません。

章末ボキャブラリーチェック

次の語義が表すフランス語の語句を答えてください

語義	解答	連番
❶ Qui est agréable à regarder ou à écouter.	joli	189
❷ Nourriture que l'on mange à certains moments de la journée.	repas	204
❸ Vêtement féminin qui serre la taille et qui descend jusqu'aux jambes.	jupe	223
❹ Panneau mobile qui sert à fermer une ouverture et qui permet d'entrer et de sortir.	porte	175
❺ Temps qui se passe entre le coucher du soleil et le lever du soleil.	nuit	165
❻ Astre qui envoie la lumière et la chaleur à la Terre qui tourne autour de lui avec les autres planètes.	soleil	235
❼ Liquide blanc dont se nourrissent les bébés et les petits de certains animaux.	lait	192
❽ Qui a de la peine, du chagrin, qui a envie de pleurer.	triste	166
❾ Publication qui paraît généralement chaque jour et qui donne des informations.	journal	217
❿ Objet en métal que l'on tourne dans une serrure pour ouvrir ou fermer.	clé	205
⓫ Instrument de musique à cordes frappées dont on obtient les sons en appuyant sur les touches noires et blanches du clavier.	piano	194
⓬ Qui retient l'attention.	intéressant	218
⓭ Aimer beaucoup quelque chose.	adorer	234
⓮ Fruit rond, jaune, vert ou rouge, qui a des pépins et dont la chair juteuse peut être acide ou sucrée.	pomme	221
⓯ Pour compléter une explication, pour préciser ce que l'on vient de dire.	par exemple	181
⓰ Spectacle où l'on écoute de la musique.	concert	182
⓱ Faire des sons musicaux avec sa voix.	chanter	198
⓲ Ne pas emmener quelqu'un ou quelque chose avec soi.	laisser	211

240語

語義	解答	連番
⑲ Ensemble des être vivants qui partagent un même territoire et qui forment un groupe organisé.	société	237
⑳ Se mettre au lit pour dormir.	se coucher	201
㉑ Plante souvent grande qui a un tronc et des branches.	arbre	236
㉒ Qui est capable ou en état d'accomplir une action.	prêt	207
㉓ Déplacement vers un lieu éloigné par tout moyen de locomotion (voiture, avion, bateau, train, etc.).	voyage	208
㉔ Qui n'est pas de bonne qualité ou qui n'a pas bon goût.	mauvais	163
㉕ Personne qui a un diplôme de docteur en médecine.	médecin	209
㉖ D'une manière semblable à la réalité.	vraiment	199
㉗ Texte que l'on chante sur une musique.	chanson	233
㉘ Qui coûte beaucoup d'argent.	cher	161
㉙ Bande de tissu que l'on passe sous le col d'une chemise et que l'on noue devant.	cravate	226
㉚ Plus que tout autre chose.	surtout	239
㉛ Commencer à être.	devenir	216
㉜ Animal qui vit dans l'eau, qui a le corps couvert d'écailles et des nageoires.	poisson	183
㉝ À la place de, plutôt que de.	au lieu de	202
㉞ Aller du bas vers le haut.	monter	171
㉟ Ce qui explique pourquoi.	raison	190
㊱ Enfant ou adulte qui reçoit un enseignement d'un professeur.	élève	206
㊲ Meuble fait pour se coucher.	lit	180
㊳ Manière de faire.	façon	227
㊴ Ce qui fait qu'un événement arrive.	cause	232
㊵ Savoir ce que les mots ou les choses signifient.	comprendre	187
㊶ Texte que l'on écrit à quelqu'un et que l'on signe.	lettre	222
㊷ Personne qui apprend à l'université après le lycée.	étudiant	178

語義	解答	連番
㊸ Homme uni à une autre personne par le mariage.	mari	170
㊹ Établissement où les malades sont soignés ou opérés et où ils peuvent séjourner.	hôpital	195
㊺ Permettre à une personne d'utiliser une chose à condition qu'elle la rende.	prêter	173
㊻ Mélange en poudre de cacao et de sucre.	chocolat	196
㊼ Partie d'une plante ou d'un arbre qui contient les graines et qui provient de la fleur.	fruit	230
㊽ Empêcher le passage.	fermer	169
㊾ Indique la possibilité.	peut-être	167
㊿ Qui a trop de graisse, qui est lourd et épais.	gros	229
51 Morceau, élément ou passage d'un tout.	partie	174
52 Soutenir quelqu'un dans une action, lui porter secours.	aider	179
53 Aliment fait d'un mélange de farine, d'eau, de levure et de sel et qui est cuit au four.	pain	186
54 Habiter dans un lieu.	vivre	231
55 Partie d'un pays couverte de champs, de bois, de prés, en-dehors des villes.	campagne	228
56 Fait de vivre.	vie	210
57 Aller de l'extérieur à l'intérieur.	entrer	225
58 Dans peu de temps.	bientôt	176
59 Forme de relief plus ou moins accidenté, provenant d'une élévation naturelle du sol.	montagne	164
60 Dont la température est peu élevée.	froid	185
61 Ouverture faite dans un mur pour laisser passer la lumière.	fenêtre	162
62 Objet fait d'un tissu imperméable monté sur un manche, qui sert à se protéger de la pluie.	parapluie	184
63 Qui ne se fait pas facilement.	difficile	220
64 Ce qu'un mot veut dire.	sens	200
65 Ensemble des billets et des pièces que l'on utilise pour payer.	argent	212

語義	解答	連番
66 Impression que la lumière produit sur l'œil.	couleur	191
67 Qui a de grandes capacités physiques, qui est musclé.	fort	240
68 Qui est plein de joie, de bonheur.	heureux	172
69 Devenir différent.	changer	188
70 Qui a cessé de vivre.	mort	224
71 Pièce d'une habitation ou d'un bureau.	salle	193
72 Aller en bas.	descendre	177
73 Avoir un certain prix.	coûter	214
74 Vêtement féminin court ou long, ample ou étroit.	robe	215
75 Remettre à un propriétaire l'objet qui lui appartient.	rendre	238
76 Faire rouler et diriger un véhicule.	conduire	219
77 Personne qui travaille dans un magasin ou sur un marché et qui s'occupe des clients.	vendeur	203
78 Planète où vivent les êtres humains.	terre	197
79 Plante dont on mange les feuilles, les tiges, les racines ou les graines.	légume	213
80 Bâtiment où des personnes s'occupent du courrier que l'on envoie et que l'on reçoit.	poste	168

Étape 4

Chose bien commencée est à demi achevée.
うまく始められれば半分終わったようなものだ。

□□□ 241

croire

/ krwar / ～を信じる

他 ① **Penser que quelque chose est vrai, penser que quelqu'un dit la vérité.**

何かが真実だと考える、誰かが真実を言っていると考える

女 croyance 信念、信仰

例 Je vous **crois** à tout moment.

私はどんな時もあなたを信じている。

…と思う、考える

② **Penser une chose sans en être certain.**

確信なしに物事を考える

例 Je **crois** qu'il reviendra.

彼は戻ってくると思います。

□□□ 242

avoir lieu

/ avwar ljø / 行われる、起こる

熟 **Se produire.**

起こる

例 L'événement **aura lieu** le mois prochain.

そのイベントは来月開催される。

□□□ 243

télévision

/ televizjɔ̃ / テレビ

女 **Ensemble des émissions et des reportages que le téléspectateur regarde sur l'écran de son poste.**

視聴者が受像機の画面で視聴する、制作番組とルポの総体

émission 番組 **reportage** 報道（番組）
téléspectateur テレビ視聴者 **écran** 画面

ⓘ 省略形は télé。

例 Je prends mon petit déjeuner en regardant la **télévision**.

私はテレビを見ながら朝食を食べる。

□□□ 244

bois

/ bwa / （材料としての）木、木材

男 ① **Matière dure qui forme le tronc et les branches des arbres.**

木の幹や枝を形成する硬い素材

例 J'utilise une cuillère en **bois**.

私は木のスプーンを使っている。

林

② **Lieu planté d'arbres.**

木が植わっている場所

例 Parfois, il se promène dans les **bois**.

彼はときどき林を散歩する。

□□□ 245

peur

/ pœr / 恐れ、恐怖

女 ① **Émotion que l'on ressent devant un danger ou une situation inconnue.**

危険や未知の状況を前にして感じる感情

inconnu, *e* 知られていない、未知の

≒ crainte; frayeur; terreur

形 peureux, *se* 臆病な

例 J'ai **peur** des chiens.

私は犬が怖い。

心配

② **《avoir peur》Redouter quelque chose, éprouver une vive inquiétude.**

何かを恐れる、激しい不安を感じる

redouter ～を恐れる　vif, *ve* 激しい　inquiétude 不安、懸念

例 Elle a **peur** qu'il ne vienne la voir.

彼女は彼が会いに来るのではないかと恐れている。

245語

□□□ 246

sommeil

/ sɔmɛj / 睡眠

男 ① État dans lequel on est lorsqu'on dort. 眠っているときの状態

例 Les moustiques ont troublé mon **sommeil**. 蚊が私の睡眠を妨げた。

眠気

② 《avoir sommeil》 Avoir envie de dormir. 眠りたい

例 J'ai **sommeil**. 私は眠い。

□□□ 247

attention

/ atɑ̃sjɔ̃ / 注意

女 Attitude d'une personne qui est concentrée, qui regarde ou écoute sans se laisser distraire. 集中し、気を散らさずに見たり聞いたりする、人の態度

attitude 態度　concentré, *e* 集中した

≒ intérêt　⇔ inattention

形 attenti*f*, *ve* 注意深い　副 attentivement 注意深く

例 Faites **attention** aux voitures quand vous traversez la route. 道を渡るときは車に気をつけてください。

□□□ 248

bibliothèque

/ biblijɔtɛk / 図書館

女 Lieu où des livres sont classés et peuvent être empruntés. 本が分類され、借りられる場所

classer ～を分類する

例 La **bibliothèque** est ouverte de 10 heures à 17 heures. 図書館は10時から17時まで開いている。

□□□ 249

anniversaire

/ anivɛrsɛr / 記念日

男 ① **Fête en souvenir d'un événement chaque année à la même date.**

出来事を記念して毎年同じ日に祝うこと

en souvenir de ～を記念して

例 Ils ont fêté leur dixième **anniversaire** de mariage.

彼らは結婚10周年のお祝いをした。

誕生日

② **Fête annuelle à la date de la naissance de quelqu'un.**

誰かが誕生した日の、年に一度のお祝い

annuel, *le* 毎年の、年に一度の

例 Lundi prochain, c'est l'**anniversaire** d'Anne.

来週の月曜日はアンヌの誕生日だ。

□□□ 250

oublier

/ ublije / ～を忘れる

他 ① **Ne plus savoir quelque chose.**

何かをもはや知らない

男 oubli 忘れること

例 Après être rentré au Japon, j'**ai oublié** mon français.

日本に帰国すると、私はフランス語を忘れてしまった。

～し忘れる

② **Ne pas penser à faire quelque chose.**

何かをすることに思い至らない

ⓘ 〈oublier de＋不定詞〉で「～するのを忘れる」という意味。

例 Elle **a oublié** de laisser un message à son mari.

彼女は夫にメッセージを残すのを忘れた。

250語

□□□ 251

soif

/ swaf / (のどの)渇き

女 **Besoin de boire.**

飲みたい欲求

ⓘ「のどが渇いた」はavoir soifで表す。

例 J'ai eu **soif** après avoir fait du jogging.

ジョギングをしたら、のどが渇いた。

□□□ 252

chaise

/ ʃɛz / いす

女 **Siège avec un dossier et sans bras.**

背もたれがあり、ひじ掛けのない腰掛け

siège 席、腰掛け　**dossier** 背、背もたれ

例 Il a mis son sac sur la **chaise**.

彼はいすの上にかばんを置いた。

□□□ 253

guerre

/ gɛr / 戦争

女 **Lutte armée entre des États ou des peuples.**

国家間または民族間の武力闘争

lutte 闘争　**armé, *e*** 武装した

例 Nous ne voulons pas de **guerre**.

私たちは戦争を望まない。

□□□ 254

cadeau

/ kado / 贈り物、プレゼント

男 **Objet que l'on donne à une personne pour lui faire plaisir.**

ある人物を喜ばせるためにその人にあげるもの

≒ présent

ⓘ 複数形はcadeaux。

例 Il cherche un **cadeau** pour sa femme.

彼は妻への贈り物を探している。

255
accompagner
/ akɔ̃paɲe /
～に同行する

他 **Aller quelque part avec quelqu'un.**
誰かとどこかに行く

男 accompagnement 同伴、同行

例 Je vais t'**accompagner** jusqu'à la gare.
駅まで送るよ。

256
examen
/ ɛgzamɛ̃ /
試験

男 **Épreuve qui permet de contrôler le niveau des connaissances d'un élève ou d'un étudiant.**
生徒や学生の知識レベルを確認することを可能にするテスト

épreuve テスト　**contrôler** ～を検査する

他 examiner ～を試験する

例 Je dois préparer l'**examen** de demain.
私は明日の試験の準備をしなければならない。

257
prix
/ pri /
価格

男 ① **Valeur d'une chose en monnaie.**
貨幣に換算したものの価値

valeur 価値　**monnaie** 貨幣

≒ coût; tarif

例 Quel est le **prix** de cette veste noire?
この黒いジャケットはいくらですか。

賞

② **Récompense donnée à quelqu'un pour son mérite dans un art ou une technique.**
芸術や技術における功績に対して誰かに与えられる褒賞

récompense 褒美　**mérite** 功績

例 Nous avons gagné le premier **prix** au concours.
私たちはコンテストで優勝した。

257語

□□□ 258

compte / kɔ̃t / 数えること、計算

男 ① **Calcul d'un nombre.** 数の計算

calcul 計算

他 compter ～を数える

例 Il a fait le **compte** de ses livres. 彼は自分の蔵書を数えた。

口座

② **Facilité donnée à un client d'une banque pour déposer ou retirer son argent.** 自分の金を預けたり引き出したりするために、銀行の客に与えられた手段

facilité 便宜、方策 **déposer** ～を預ける、託す
retirer ～を引き出す

≒ compte bancaire; compte postal

例 Elle a ouvert un **compte** à la banque. 彼女は銀行に口座を開いた。

□□□ 259

amour / amur / 恋愛感情

男 ① **Sentiment très fort qui attire une personne vers une autre.** ある人を別の人に引き付ける非常に強い感情

sentiment 感情 **attirer** ～を引き付ける

例 Elle lit un roman d'**amour** maintenant. 彼女は今、恋愛小説を読んでいる。

愛、好み

② **Goût très fort pour quelque chose.** 何かに対する非常に強い嗜好

例 Il a de l'**amour** pour son pays. 彼は自分の国を愛している。

□□□ 260

montrer / mɔ̃tre / ～を見せる

他 ① Exposer quelque chose aux regards, faire voir. 何かを視線にさらす、見えるようにする

regard 見ること、視線

≒ présenter

例 Tu me **montres** ta nouvelle maison? 君の新しい家を見せてくれる?

～を示す

② Désigner quelque chose par un geste ou un signe. 身振りまたは合図で何かを指し示す

signe 合図

≒ indiquer

例 Pourriez-vous me **montrer** le chemin jusqu'à la gare? 駅への道を教えていただけますか。

□□□ 261

tableau / tablo / 絵

男 Œuvre de peinture sur un panneau de bois ou une toile tendue dans un cadre. 木の板やフレームに張られたカンバスに描かれた絵画作品

toile 布　**tendre** ～を(ぴんと)張る　**cadre** フレーム、枠

≒ peinture; toile

例 Elle a mis un **tableau** sur le mur. 彼女は壁に1枚の絵を掛けた。

□□□ 262

revoir / rəvwar / ～に再び会う、再会する

他 Voir quelqu'un une nouvelle fois. 誰かにまた会う

例 J'attends de vous **revoir** cet hiver. この冬にまたお会いできることを楽しみにしています。

262語

□□□ 263

nature

/ natyr / 自然

女 **Ensemble de tout ce qui existe (animaux et choses) en dehors des humains.**

人間の周りに存在するすべてのもの（動物や事物）の総体

≒ monde; univers; environnement

形 naturel, *le* 自然の 副 naturellement 自然に

例 L'homme n'a pas le droit de détruire la **nature**.

人には自然を破壊する権利はない。

□□□ 264

en face de

/ ɑ̃ fas də / ～の前に

熟 **Exactement devant.**

ちょうど目の前に

exactement まさに、ちょうど

例 Êtes-vous déjà allé au restaurant **en face de** la gare?

あなたはもう駅の向かいにあるレストランに行きましたか。

□□□ 265

journée

/ ʒurne / （人が活動する）1日、日中

女 **Temps compris entre le lever et le coucher du soleil.**

日の出から日の入りまでの時間

≒ jour

例 Dans ce pays, l'hiver est sombre même pendant la **journée**.

この国では、冬は日中でも暗い。

□□□ 266

page

/ paʒ / ページ

女 **Chaque côté d'une feuille de cahier ou de livre.**

ノートまたは本の1枚の紙のそれぞれの面

例 Regardez la **page** 12.

12ページを見てください。

□□□ 267

quitter

/ kite / 〈人〉と別れる

他 ① **S'éloigner d'une personne, se séparer d'elle.**

人から遠ざかる、人と離れ離れになる

s'éloigner 遠ざかる、離れる
se séparer 別れる、離れ離れになる

例 Sa femme l'**a quitté** l'année dernière.

彼の妻は去年彼のもとを去った。

～を離れる、去る

② **Partir d'un lieu.**

ある場所から立ち去る

例 Chloé **quittera** notre département le mois prochain.

クロエは来月私たちの部署を離れる。

～をやめる

③ **Abandonner une activité.**

ある活動を放棄する

例 Il **a quitté** notre société la semaine dernière.

彼は先週私たちの会社を辞めた。

□□□ 268

université

/ yniversite / 大学

女 **Établissement d'enseignement supérieur où vont les étudiants après le lycée.**

高校卒業後に学生が通う高等教育機関

supérieur, *e* 高等の、優れた

≒ faculté

形 universitaire 大学の

例 Mon père enseigne la chimie dans une **université**.

私の父は大学で化学を教えている。

□□□ 269

forme

/ fɔrm / 形、外形

女 **Contour de quelque chose.**

何かの輪郭

contour 輪郭

例 Ce gâteau a la **forme** d'une étoile.

このケーキは星の形をしている。

□□□ 270

étude

/ etyd / 学校教育、学業

女 **Ensemble des années passées à travailler à l'université ou une école pour apprendre et passer des examens.**

学び、試験を受けるために、大学や学校で勉強して過ごす年月

他 étudier ～を勉強する

ⓘ この意味では常に複数形で使う。

例 Paul a fait ses **études** à Toulouse.

ポールはトゥルーズで教育を受けた。

□□□ 271

essayer

/ eseje / ～しようと努力する

他 ① **《essayer de》Faire son possible pour arriver à faire quelque chose.**

何かを成し遂げるために可能なことをする

≒ s'efforcer de; tâcher de

男 essai 試し；試み

例 Je veux **essayer** de faire du pain.

パン作りに挑戦してみたい。

～を試す

② **Utiliser une chose pour voir si elle convient, pour voir ses qualités et ses défauts.**

ものがふさわしいかどうか、そのよい点と悪い点を確認するために、それを使う

défaut 欠点、短所

例 Je peux **essayer** ce chapeau?

この帽子を試着してもいいですか。

□□□ 272

course

/ kurs / 買い物

女 **Achat fait dans un magasin.**

店で行われる購入

achat 購入

≒ commissions

ⓘ この意味では常に複数形で使う。

例 D'habitude mes parents font les **courses** le week-end.

両親はふだん週末に買い物をする。

□□□ 273

mot

/ mo / 言葉、語

男 **Groupe de sons ou de lettres qui ont une signification dans une langue.**

ある言語において意味を持つ音または文字のグループ

signification 意味

例 Elle est sortie sans dire un **mot**.

彼女は一言も言わずに出ていった。

□□□ 274

mourir

/ murir / 死ぬ

自 **Cesser de vivre.**

生きるのをやめる

形 mort, *e* 死んだ　形 mortel, *le* 生命にかかわる

例 Beaucoup de gens **meurent** de faim en Afrique.

アフリカでは多くの人が飢餓で亡くなっている。

□□□ 275

château

/ ʃato / 城、宮殿

男 **Très grande et belle habitation où vit un personnage riche ou important.**

金持ちや身分の高い人の住む、とても大きくて美しい住居

personnage 人物

ⓘ 複数形はchâteaux。

例 Un jour, je veux visiter de vieux **châteaux** en Allemagne.

私はいつかドイツの古城めぐりをしたい。

□□□ 276

chance / ʃɑ̃s / 幸運

女 ① **Un hasard qui a un résultat heureux.**

幸せな結果をもたらす偶然

⇔ malchance

例 Tu as de la **chance** d'avoir retrouvé ta clef perdue.

なくしたカギが見つかってラッキーだね。

可能性

② **Une possibilité que quelque chose arrive.**

何かが起こる可能性

≒ probabilité

例 Il a peu de **chances** de gagner la partie.

彼がその勝負に勝つ可能性はほとんどない。

□□□ 277

animal / animal / 動物

男 **Tout être vivant qui se déplace et se nourrit.**

移動して食物を摂取する、あらゆる生き物

ⓘ 複数形はanimaux。

例 Divers **animaux** vivent dans la forêt.

森にはさまざまな動物が生息している。

□□□ 278

retard / rətar / 遅れ

男 **Le fait d'arriver ou de se produire après le moment prévu.**

予定時刻のあとに到着または発生すること

prévu, *e* 予定された

他 retarder ～を遅らせる

例 Le train est arrivé avec 10 minutes de **retard**.

電車は10分遅れて到着した。

□□□ 279

haut, *e*

/ o, ot / 高い

形 **Qui a une dimension grande dans le sens vertical.**

垂直方向に大きな寸法を持つ

vertical, *e* 垂直な

⇔ bas, *se*

女 hauteur 高さ、高度

例 Il y a de **hautes** montagnes dans cette région.

この地方には高い山々がある。

□□□ 280

oiseau

/ wazo / 鳥

男 **Animal au corps couvert de plumes qui a deux pattes, un bec et deux ailes qui lui permettent généralement de voler.**

2本の脚、くちばし、ふつう飛ぶことを可能にする2枚の翼を持ち、羽毛で覆われた体を持つ動物

plume 羽毛　**patte** (動物の)脚　**bec** くちばし

ⓘ 複数形はoiseaux。

例 Les **oiseaux** volent dans le ciel.

鳥たちが空を飛んでいる。

□□□ 281

santé

/ sɑ̃te / 健康

女 **État bon ou mauvais du corps.**

体の状態のよし悪し

例 Après une longue maladie, il fait davantage attention à sa **santé**.

長患いのあと、彼はより健康に注意している。

□□□ 282

cheveu

/ ʃəvø / 髪

男 **Poil qui pousse sur la tête des humains.**

人間の頭部に生える毛

poil 髪

ⓘ 複数形はcheveux。

例 Elle a les **cheveux** courts.

彼女はショートヘアだ。

282語

□□□ 283

offrir

/ ɔfrir / ～を贈る

他 ① **Donner quelque chose en cadeau.**

贈り物として何かを与える

例 Il m'**a offert** des fleurs pour mon anniversaire.

彼は私の誕生日に花をくれた。

～を申し出る

② **Proposer quelque chose.**

何かを提案する

proposer ～を提案する

女 **offre** 申し出、提供

例 Un collègue m'**a offert** son aide.

一人の同僚が私に援助を申し出た。

□□□ 284

viande

/ vjɑ̃d / 肉

女 **Chair de certains animaux que l'on mange (bœuf, veau, porc, volailles).**

人が食べる特定の動物の肉（牛肉、子牛の肉、豚肉、家禽）

bœuf 牛肉　**veau** 子牛の肉　**volaille** 家禽

例 Elle a mis des herbes sur la **viande**.

彼女は肉の上にハーブをのせた。

□□□ 285

étage

/ etaʒ / 階

男 **Chacun des niveaux d'un bâtiment, situés les uns au-dessus des autres.**

上下に配置された、建物のそれぞれの階層

au-dessus de ～の上に

例 J'habite au sixième **étage** de ce bâtiment.

私はこの建物の7階に住んでいる。

□□□ 286

vérité

/ verite / 真実

女 **Ce qui est conforme aux faits, à la réalité.**

事実、現実と合致するもの

conforme 合致した

形 véritable 本当の　副 véritablement 本当に

例 Le criminel ne voulait pas dire la **vérité** à la police.

犯罪者は警察に本当のことを言いたくなかった。

□□□ 287

occupé, *e*

/ ɔkype / 忙しい

形 **Qui a beaucoup de choses à faire.**

やることがたくさんある

他 occuper ～を占める

例 Il sera **occupé** toute la journée demain.

彼は明日、一日中忙しいだろう。

□□□ 288

rencontrer

/ rɑ̃kɔ̃tre / ～に出会う

他 ① **Se trouver en présence de quelqu'un par hasard ou non.**

偶然かどうかにかかわらず、誰かと出くわす

en présence de ～に直面して

女 rencontre 出会い

例 Elle **a rencontré** son amie en rentrant de son école.

彼女は学校から帰る途中で、友だちに出会った。

（約束して）～に会う

② **Se trouver en présence de quelqu'un après avoir convenu d'un rendez-vous.**

会う約束をしたのちに誰かと場を共にする

例 Il faut que je **rencontre** mon professeur cette semaine.

今週は先生に会う必要がある。

288語

□□□ 289

tourner

/ turne / 曲がる

自 **Changer de direction vers la droite ou la gauche.**

右または左に方向を変える

≒ obliquer

男 tournant 曲がり角

例 Pour aller à la gare, **tournez** à gauche au premier feu.

駅に行くには、最初の信号で左折してください。

□□□ 290

avoir raison

/ avwar rɛzɔ̃ / 正しい

熟 **Penser avec justesse.**

正しく考える

justesse 正しさ

⇔ avoir tort

自 raisonner 推論する　形 raisonnable 分別のある

例 Je pense que tu **as raison** sur ce point.

君はその点では正しいと思う。

□□□ 291

appartement

/ apartəmɑ̃ / マンションの一室、アパルトマン

男 **Logement situé dans un immeuble.**

ビル内にある住居

例 Elle habite dans un bel **appartement**.

彼女は素敵なアパルトマンに住んでいる。

□□□ 292

pantalon

/ pɑ̃talɔ̃ / ズボン

男 **Vêtement qui enveloppe les fesses et chacune des jambes jusqu'aux pieds.**

臀部(でんぶ)とそれぞれの脚を足元までくるむ服

envelopper ～を包む、くるむ　fesse 臀部

例 Ce **pantalon** est trop long pour moi.

このズボンは私には長すぎる。

□□□ 293

décider
/ deside / ～を決める

他 **Choisir quelque chose après avoir réfléchi.**
よく考えてから何かを選ぶ

réfléchir よく考える、熟考する

ⓘ 〈decider de ＋不定詞〉で「～することに決める」という意味。

女 décision 決定　形 décisif, *ve* 決定的な

例 J'**ai décidé** de me lever tôt demain matin.
私は明日の朝、早起きをすることにした。

□□□ 294

parfois
/ parfwa / ときどき

副 **De temps en temps.**
ときどき

≒ quelquefois

例 **Parfois**, je visite ce musée.
私はときどきこの美術館を訪れる。

□□□ 295

parc
/ park / 公園

男 **Grand jardin avec des pelouses, des massifs de fleurs et des arbres.**
芝生、花壇、樹木のある広い庭園

pelouse 芝生　**massif** 植え込み、花壇

例 Il se promène dans le **parc** tous les matins.
彼は毎朝公園を散歩する。

□□□ 296

adresse
/ adrɛs / 住所

女 **Renseignement qui indique le lieu exact où quelqu'un habite.**
誰かが住む正確な場所を示す情報

renseignement 情報

他 adresser 〈郵便物〉を送る

例 Connaissez-vous l'**adresse** d'André ?
アンドレの住所をご存じですか。

296語

□□□ 297

lunette

/ lynɛt / 眼鏡

女 **Deux verres maintenus par une monture et deux branches et qui servent à corriger la vue ou protéger les yeux du soleil.**

フレームと2本のつるで固定され、視力を矯正したり、太陽から目を保護したりするのに使われる2つのレンズ

maintenir ～を支える、固定する　**monture** (眼鏡の)フレーム　**corriger** ～を直す、矯正する

ⓘ この意味では常に複数形で使う。

例 Je ne vois rien si je ne porte pas mes **lunettes**.

私は眼鏡をかけないと何も見えない。

□□□ 298

bras

/ bra / 腕

男 **Partie du corps qui va de l'épaule à la main.**

肩から手に至る体の部分

épaule 肩

ⓘ 「(いすの)ひじ掛け」という意味もある。

例 Il a un sac sous le **bras**.

彼は小脇にかばんを抱えている。

□□□ 299

feu

/ fø / 火

男 ① **Chaleur et flammes qui proviennent d'une matière qui brûle.**

燃える物質に由来する熱と炎

flamme 炎、火炎　**brûler** 燃える

例 Ne faites pas de **feu** ici.

ここで火を使ってはいけません。

信号(機)

② **Signal lumineux pour la circulation.**

交通のための光る標識

signal 信号　**lumineux, *se*** 光る、輝く　**circulation** 交通

例 Tournez à droite au prochain **feu**.

次の信号を右に曲がってください。

300

sans doute
/ sɑ̃ dut / おそらく

熟 **Probablement, peut-être.**

たぶん

自 douter 疑う 形 douteux, *se* 疑わしい

例 Il a **sans doute** du talent pour la peinture.

彼には間違いなく絵の才能がある。

301

carte
/ kart / メニュー

女 ① **Liste des plats et des boissons avec leurs prix, dans un restaurant.**

料理、飲み物とその価格の載ったレストランにおけるリスト

例 Le garçon nous a apporté la **carte**.

ウェイターが私たちにメニューを持ってきてくれた。

地図

② **Dessin qui représente un pays avec ses villes, ses fleuves, ses montagnes.**

市街地、川、山と共にある地方を表す図面

dessin 図面 **représenter** ～を表す **fleuve** (大きな)川

例 Il aime regarder la **carte** de l'Univers.

彼は世界地図を見るのが好きだ。

(銀行などの)カード

③ **Rectangle en plastique muni d'une puce, utilisé pour le paiement.**

支払いに使う、チップを備えたプラスチック製の長方形のもの

rectangle 長方形 **muni de** ～を備えた
puce チップ **paiement** 支払い

例 Je me suis fait voler ma **carte** de crédit.

私はクレジットカードを盗まれた。

□□□ 302

billet /bijɛ/ チケット、切符

男 **Papier ou carton qui prouve que l'on a payé une place de train, de spectacle, etc.**

電車やショーなどの座席代を支払ったことを証明する、紙または厚紙

carton 厚紙、ボール紙　**prouver** ～を証明する

≒ ticket

ⓘ「紙幣」という意味もある。

例 Elle a obtenu un **billet** pour un concert de son groupe préféré.

彼女は好きなバンドのコンサートチケットを手に入れた。

□□□ 303

laver /lave/ ～を洗う

他 **Nettoyer quelque chose avec de l'eau et du savon ou de la lessive.**

何かを水とせっけんあるいは洗剤で洗浄する

lessive 洗剤

例 Mon mari **lave** sa voiture tous les week-ends.

夫は毎週末、車を洗う。

se laver /sə lave/ 自分の体を洗う

代動 ① **Laver soi-même son corps.**

自分で体を洗う

例 Je préfère **me laver** le matin.

私は朝に体を洗うのが好きだ。

自分の体の一部を洗う

② **Laver une partie de son corps.**

体の一部を洗う

例 **Lave-toi** les mains avant de manger.

食べる前に手を洗って。

□□□ 304

enfin

/ ɑ̃fɛ̃ / ついに、やっと

副 ① **Indique que quelqu'un ou un événement qu'on attendait ou espérait est arrivé.**

待ちに待ったあるいは期待された人が来たり、出来事が起こったことを示す

indiquer ～を示す

ⓘ「最後に」という意味もある。

例 J'ai **enfin** compris ce que disait Agnès.

アニエスの言っていることがやっとわかった。

つまり

② **Marque la conclusion.**

結論を示す

marquer ～を示す、表示する　**conclusion** 結論

≒ bref

例 Je peux ne pas partir, **enfin**, je peux rester.

僕は出発しないこともできる、つまり残れるよ。

□□□ 305

fond

/ fɔ̃ / 底

男 ① **Partie la plus profonde d'une chose ou d'un endroit creux.**

ものまたはくぼんだ場所の最も深い部分

profond, *e* 深い

例 Il y a un crabe au **fond** de la rivière.

川底にカニがいる。

奥

② **Partie la plus éloignée de l'entrée.**

入り口から最も遠い部分

例 Les toilettes sont au **fond** du couloir.

トイレは廊下の奥にある。

305語

□□□ 306

plat / pla / 皿

男 ① **Sorte de récipient creux dans lequel on met les aliments pour les cuire ou les servir à table.**

食べ物を加熱調理したり、テーブルに出したりするための、くぼんだ一種の容器

récipient 容器　**creux, *se*** 中空の、くぼんだ

例 Fais attention aux **plats** quand tu les laves.

お皿を洗うときには気をつけて。

料理

② **Aliment préparé pour être mangé.**

食べるために調理された食品

例 Elle nous a fait des **plats** japonais.

彼女は私たちに日本料理を作ってくれた。

□□□ 307

situation / sitɥasjɔ̃ / 状況

女 **Manière dont une personne ou une chose est placée par rapport à d'autres.**

人やものの、他の人やものに対する位置づけられ方

par rapport à ～に対して

例 Cette entreprise est dans une **situation** financière difficile.

その会社は困難な財務状況にある。

□□□

téléphone / telefɔn / 電話

男 **Appareil qui permet de se parler à distance.**

遠距離で互いに話すことを可能にする装置

自 **téléphoner** 電話をかける　形 **téléphonique** 電話の

例 J'ai parlé avec Damien au **téléphone** hier soir.

私は昨夜電話でダミアンと話した。

309

début
/ deby / 初め、最初

男 Moment où quelque chose commence.
何かが始まる時期

≒ arrivée; commencement

⇔ fin

自 débuter 始まる

例 Au **début**, Saki ne comprenait pas bien le français.
最初のうち、サキはフランス語があまり理解できなかった。

310

utiliser
/ ytilize / ～を使う

他 Employer quelque chose.
何かを用いる

女 utilisation 使用、利用　女 utilité 有用性

例 N'**utilise** pas ce genre de mots.
そのような言葉は使わないで。

311

propre
/ prɔpr / きれいな、清潔な

形 ① Qui a été lavé, nettoyé.
洗われ、掃除された

≒ impeccable; net, *te*

⇔ crasseux, *se*; sale

女 propreté 清潔さ　女 propriété 所有；特徴

例 Elle tient toujours sa chambre très **propre**.
彼女はいつも自分の部屋をとてもきれいにしている。

自分の、自身の

② Qui appartient spécialement à quelqu'un ou à quelque chose.
特定の人またはものに属している

spécialement 特に

≒ caractéristique; particulier, *ère*

例 J'ai eu la chance de voir cet animal de mes **propres** yeux.
私はこの動物を自分の目で見る機会に恵まれた。

311語

□□□ 312

tomber / tɔ̃be / 倒れる

自 ① **Être entraîné vers le bas et toucher le sol avec son corps plus ou moins brutalement.**

多少とも不意に低い方へと引きずられ、体で地面に触れる

entraîner ～を引きずり込む、引っ張っていく
brutalement 不意に、急に

女 tombée 落ちること、落下

例 La statue **est tombée** lors du tremblement de terre.　地震の際に彫像が倒れた。

落ちる、落下する

② **Être entraîné vers un lieu plus bas par l'effet de son poids.**

自らの重さによってより低い方へと引きずられる

例 L'enfant **est tombé** dans la rivière.　子どもが川に落ちた。

□□□ 313

article / artikl / 記事、論文

男 ① **Texte écrit dans un journal, un magazine ou une revue.**

新聞や雑誌に書かれた文章

例 J'ai trouvé un **article** très intéressant dans un magazine.　雑誌にとても面白い記事を見つけた。

商品、用品

② **Objet mis en vente dans un magasin.**

店で販売されているもの

vente 販売

例 Ce magasin a divers **articles** de voyage.　この店にはさまざまな旅行用品がある。

□□□ 314

réveiller / reveje / ～を起こす

他 Faire sortir quelqu'un du sommeil. 誰かを眠りから抜け出させる

男 réveil 起床

例 Ne **réveille** pas les enfants. 子どもたちを起こさないで。

se réveiller / sə reveje / 起きる、目を覚ます

代動 Cesser de dormir. 眠るのをやめる

⇔ s'endormir

例 Je **me réveille** très tôt le matin. 私は朝とても早く目が覚める。

□□□ 315

rendez-vous / rɑ̃devu / 会う約束

男 Rencontre décidée à l'avance à une heure précise et dans un lieu convenu. 特定の時間、取り決められた場所における、事前に決められた会合

à l'avance 事前に、前もって
convenu, *e* 合意された、取り決められた

例 Prenez un **rendez-vous** avant de venir. お越しになる前にアポをとってください。

□□□ 316

sucre / sykr / 砂糖

男 Matière issue de la betterave ou de la canne à sucre et qui donne un goût plus doux aux boissons et aux aliments. 飲み物や食べ物に甘みを与える、テンサイあるいはサトウキビ由来の物質

issue, *e* de ～に由来する　betterave テンサイ
canne à sucre サトウキビ

形 sucré, *e* 砂糖入りの

例 Ne mets pas trop de **sucre** dans ton café. コーヒーに砂糖を入れすぎないようにね。

□□□ 317

montre

/ mɔ̃tr / 腕時計

女 **Instrument qui indique l'heure et que l'on porte généralement au poignet.**

時刻を表示し、ふつう手首につける機器

poignet 手首

例 Il a regardé l'heure à sa **montre**.

彼は腕時計で時間を見た。

□□□ 318

aéroport

/ aerɔpɔr / 空港

男 **Endroit où se trouvent les pistes et les bâtiments pour le transport en avion.**

航空交通のための滑走路と建物のある場所

piste 滑走路

例 Je vais chercher mes amis à l'**aéroport**.

空港に友人を迎えに行きます。

□□□ 319

projet

/ prɔʒɛ / 計画、企画

男 **Ce que l'on a l'intention de faire.**

人が行おうとしていること

≒ plan

例 Il faut réussir ce **projet** de rénovation.

このリノベーションのプロジェクトを成功させねばならない。

□□□ 320

sport

/ spɔr / スポーツ

男 **Activité physique pratiquée seul ou en groupe et qui a pour but la compétition ou le plaisir.**

1人またはグループで、競技あるいは娯楽を目的として行う身体活動

例 Il fait du **sport** tous les soirs.

彼は毎晩運動している。

章末ボキャブラリーチェック

次の語義が表すフランス語の語句を答えてください

語義	解答	連番
❶ Être entraîné vers le bas et toucher le sol avec son corps plus ou moins brutalement.	tomber	312
❷ Exposer quelque chose aux regards, faire voir.	montrer	260
❸ Très grande et belle habitation où vit un personnage riche ou important.	château	275
❹ Voir quelqu'un une nouvelle fois.	revoir	262
❺ Chair de certains animaux que l'on mange (bœuf, veau, porc, volailles).	viande	284
❻ Partie du corps qui va de l'épaule à la main.	bras	298
❼ Renseignement qui indique le lieu exact où quelqu'un habite.	adresse	296
❽ Rencontre décidée à l'avance à une heure précise et dans un lieu convenu.	rendez-vous	315
❾ Probablement, peut-être.	sans doute	300
❿ Tout être vivant qui se déplace et se nourrit.	animal	277
⓫ Émotion que l'on ressent devant un danger ou une situation inconnue.	peur	245
⓬ Attitude d'une personne qui est concentrée, qui regarde ou écoute sans se laisser distraire.	attention	247
⓭ Contour de quelque chose.	forme	269
⓮ Instrument qui indique l'heure et que l'on porte généralement au poignet.	montre	317
⓯ Choisir quelque chose après avoir réfléchi.	décider	293
⓰ Temps compris entre le lever et le coucher du soleil.	journée	265
⓱ Qui a beaucoup de choses à faire.	occupé	287
⓲ Qui a été lavé, nettoyé.	propre	311
⓳ Texte écrit dans un journal, un magazine ou une revue.	article	313
⓴ Liste des plats et des boissons avec leurs prix, dans un restaurant.	carte	301

語義	解答	連番
㉑ Changer de direction vers la droite ou la gauche.	tourner	289
㉒ Matière dure qui forme le tronc et les branches des arbres.	bois	244
㉓ Donner quelque chose en cadeau.	offrir	283
㉔ Grand jardin avec des pelouses, des massifs de fleurs et des arbres.	parc	295
㉕ Penser avec justesse.	avoir raison	290
㉖ Se trouver en présence de quelqu'un par hasard ou non.	rencontrer	288
㉗ Qui a une dimension grande dans le sens vertical.	haut	279
㉘ Ce qui est conforme aux faits, à la réalité.	vérité	286
㉙ Employer quelque chose.	utiliser	310
㉚ État bon ou mauvais du corps.	santé	281
㉛ Poil qui pousse sur la tête des humains.	cheveu	282
㉜ Calcul d'un nombre.	compte	258
㉝ Papier ou carton qui prouve que l'on a payé une place de train, de spectacle, etc.	billet	302
㉞ Exactement devant.	en face de	264
㉟ Un hasard qui a un résultat heureux.	chance	276
㊱ État dans lequel on est lorsqu'on dort.	sommeil	246
㊲ Ensemble de tout ce qui existe (animaux et choses) en dehors des humains.	nature	263
㊳ Faire sortir quelqu'un du sommeil.	réveiller	314
㊴ Siège avec un dossier et sans bras.	chaise	252
㊵ S'éloigner d'une personne, se séparer d'elle.	quitter	267
㊶ Valeur d'une chose en monnaie.	prix	257
㊷ Fête en souvenir d'un événement chaque année à la même date.	anniversaire	249
㊸ Sorte de récipient creux dans lequel on met les aliments pour les cuire ou les servir à table.	plat	306
㊹ Ne plus savoir quelque chose.	oublier	250

語義	解答	連番
㊺ Chacun des niveaux d'un bâtiment, situés les uns au-dessus des autres.	étage	285
㊻ Le fait d'arriver ou de se produire après le moment prévu.	retard	278
㊼ Activité physique pratiquée seul ou en groupe et qui a pour but la compétition ou le plaisir.	sport	320
㊽ Manière dont une personne ou une chose est placée par rapport à d'autres.	situation	307
㊾ Besoin de boire.	soif	251
㊿ Endroit où se trouvent les pistes et les bâtiments pour le transport en avion.	aéroport	318
51 Ensemble des émissions et des reportages que le téléspectateur regarde sur l'écran de son poste.	télévision	243
52 Partie la plus profonde d'une chose ou d'un endroit creux.	fond	305
53 Animal au corps couvert de plumes qui a deux pattes, un bec et deux ailes qui lui permettent généralement de voler.	oiseau	280
54 Épreuve qui permet de contrôler le niveau des connaissances d'un élève ou d'un étudiant.	examen	256
55 Objet que l'on donne à une personne pour lui faire plaisir.	cadeau	254
56 Lutte armée entre des États ou des peuples.	guerre	253
57 Appareil qui permet de se parler à distance.	téléphone	308
58 Matière issue de la betterave ou de la canne à sucre et qui donne un goût plus doux aux boissons et aux aliments.	sucre	316
59 Ce que l'on a l'intention de faire.	projet	319
60 Nettoyer quelque chose avec de l'eau et du savon ou de la lessive.	laver	303
61 Ensemble des années passées à travailler à l'université ou une école pour apprendre et passer des examens.	étude	270
62 Groupe de sons ou de lettres qui ont une signification dans une langue.	mot	273
63 Cesser de vivre.	mourir	274

語義	解答	連番
(64) 《------- de》 Faire son possible pour arriver à faire quelque chose.	essayer	271
(65) Chaque côté d'une feuille de cahier ou de livre.	page	266
(66) Œuvre de peinture sur un panneau de bois ou une toile tendue dans un cadre.	tableau	261
(67) Aller quelque part avec quelqu'un.	accompagner	255
(68) Chaleur et flammes qui proviennent d'une matière qui brûle.	feu	299
(69) Lieu où des livres sont classés et peuvent être empruntés.	bibliothèque	248
(70) Établissement d'enseignement supérieur où vont les étudiants après le lycée.	université	268
(71) Logement situé dans un immeuble.	appartement	291
(72) Indique que quelqu'un ou un événement qu'on attendait ou espérait est arrivé.	enfin	304
(73) Moment où quelque chose commence.	début	309
(74) Achat fait dans un magasin.	course	272
(75) Vêtement qui enveloppe les fesses et chacune des jambes jusqu'aux pieds.	pantalon	292
(76) Penser que quelque chose est vrai, penser que quelqu'un dit la vérité.	croire	241
(77) Se produire.	avoir lieu	242
(78) De temps en temps.	parfois	294
(79) Sentiment très fort qui attire une personne vers une autre.	amour	259
(80) Deux verres maintenus par une monture et deux branches et qui servent à corriger la vue ou protéger les yeux du soleil.	lunette	297

Étape 5

À cœur vaillant, rien d'impossible.
頑張る者に不可能なことはない。

□□□ 321

rapport
/ rapɔr / 関係、関連

男 ① **Lien entre deux ou plusieurs personnes ou choses.**

2人[2つ]以上の人やものの間のつながり

lien 関連

≒ relation

例 Il y a un **rapport** certain entre ces deux phénomènes.

これら2つの現象の間には明確な関連がある。

報告(書)、レポート

② **Exposé dans lequel on explique ce que l'on a vu ou entendu.**

人が見たり聞いたりしたことを説明する報告

例 Il a fait un excellent **rapport** sur ce sujet.

彼はこの主題について素晴らしい報告をした。

□□□ 322

grâce à
/ gras a / ～のおかげで

熟 **Avec l'aide de quelqu'un ou de quelque chose.**

誰かまたは何かの助けを借りて

例 **Grâce à** mes amis, j'ai appris le plaisir du camping.

友人のおかげでキャンプの楽しさを知った。

□□□ 323

important, *e*
/ ɛ̃pɔrtɑ̃, -tɑ̃t / 重要な

形 **Qui a un grand intérêt, qui n'est pas négligeable.**

大きな関心を引く、無視できない

négligeable 無視できる

≒ capital, *e*; essentiel, *le*

⇔ accessoire; insignifiant, *e*

女 importance 重要性　自 importer 重要である

例 Il est **important** d'écouter les opinions des autres.

他人の意見に耳を傾けることは大切だ。

□□□ 324

chemin

/ ʃəmɛ̃ / 道

男 ① Passage en terre, avec des cailloux ou de l'herbe.

小石や草のある、土の通路

caillou 小石

例 Ce **chemin** mène au village.

この道は村へと続いている。

道筋

② La direction qu'il faut suivre.

たどるべき方向

例 Pourriez-vous me montrer le **chemin** pour aller à la mairie?

市役所へ行く道を教えていただけますか。

□□□ 325

s'asseoir

/ saswar / 座る

代動 Poser ses fesses sur quelque chose.

何かの上に尻を置く

ⓘ asseoirは「～を座らせる」という意味。

形 assis, *e* 座った

例 **Asseyons-nous** en cercle.

輪になって座ろう。

326語

□□□ 326

saison

/ sɛzɔ̃ / 季節

女 Chacune des quatre périodes de l'année qui dure trois mois, dont les conditions climatiques sont généralement constantes.

一般的に気候条件が一定で、3か月続く、1年の4つの各期間

climatique 気候の　**constant, *e*** 一定の

形 saisonn*ier*, *ère* 季節特有の

例 L'été est la **saison** que j'aime le plus.

夏は私の一番好きな季節だ。

□□□ 327

fumer / fyme / たばこを吸う

自 **Aspirer puis rejeter la fumée du tabac avec une cigarette ou une pipe.**

紙巻きたばこまたはパイプでたばこの煙を吸い、それから吐き出す

aspirer ～を吸う **rejeter** ～を吐き出す **fumée** 煙 **tabac** たばこ **cigarette** (紙巻き)たばこ **pipe** (喫煙用の)パイプ

女 fumée 煙

例 Il a arrêté de **fumer** l'année dernière. 彼は去年、たばこをやめた。

□□□ 328

retrouver / rətruve / 〈失ったもの〉を見つける

他 **Trouver une personne ou une chose qu'on avait perdue.**

失った人やものを見つける

例 Elle **a retrouvé** ses gants qu'elle avait perdus la semaine dernière. 彼女は先週なくした手袋を見つけた。

□□□ 329

groupe / grup / グループ

男 **Ensemble de personnes ou de choses rassemblées.**

集められた人やものの集合体

rassembler ～を集める

他 grouper ～を一つにまとめる

例 Un **groupe** de garçons jouent au basket dans la rue. 少年の一団が通りでバスケットボールをしている。

□□□ 330

siècle / sjɛkl / 世紀

男 **Durée de cent ans.**

100年の期間

例 Il y a eu deux guerres mondiales au **siècle** dernier. 前世紀には2つの世界大戦があった。

331

public, *que* / pyblik / 公衆のための

形 **Ouvert à tout le monde.** 皆に開かれた

≒ commun, *e*; général, *e*

⇔ personnel, *le*

副 publiquement 公然と

例 Les bains **publics** étaient plus nombreux autrefois. かつてはもっと多くの銭湯があった。

332

fromage / frɔmaʒ / チーズ

男 **Aliment fabriqué avec du lait de vache, de brebis ou de chèvre.** 牛、羊、あるいは山羊の乳で作った食べ物

vache 牛 **brebis** 羊 **chèvre** 山羊

例 Il aime prendre du vin et du **fromage** avant le repas. 彼は食前のワインとチーズが好きだ。

333

étranger, *ère* / etrɑ̃ʒe, -ʒɛr / 外国の

形 **Qui vient d'un autre pays.** 他の国から来た

ⓘ 男性名詞で「外国」の意味もある。

例 Shun adore apprendre des langues **étrangères**. シュンは外国語を学ぶのが大好きだ。

外国人

名 **Personne originaire d'un autre pays.** 他国出身の人

originaire de ～出身の、～生まれの

例 Un **étranger** m'a parlé hier dans la rue. 昨日、道で外国人に話しかけられた。

333語

□□□ 334

bruit / brɥi / 物音

男 ① **Son ou ensemble de sons que l'on entend.**
人が聞く音または一連の音

≒ grondement

例 Il y a eu du **bruit** dehors.
外で物音がした。

騒音

② **Ensemble de sons désagréables, sans harmonie.**
調和のない一連の不快な音

désagréable 不快な　**harmonie** 調和

≒ tapage; vacarme

⇔ silence

例 Je ne supporte pas le **bruit** de ces travaux.
この工事の騒音には耐えられない。

□□□ 335

vendre / vɑ̃dr / ～を売る

他 **Donner quelque chose contre de l'argent selon un prix fixé.**
決まった価格により、金と引き換えに何かを与える

⇔ acheter; acquérir

名 vendeur, *se* 店員　女 vente 販売

例 Ce magasin **vend** des spécialités de la région.
この店では地域の特産品を販売している。

□□□ 336

cultiver / kyltive / 〈作物など〉を栽培する

他 **Faire pousser des plantes.**
植物を成長させる

例 Je **cultive** des légumes dans mon petit jardin.
私は小さな庭で野菜を育てている。

□□□ 337

langue / lɑ̃g / 言語

女 **Ensemble des mots et des règles utilisés pour parler et écrire.**

話したり書いたりするのに使われる語と規則の総体

règle 規則、ルール

形 linguistique 言語の

例 Il parle plusieurs **langues** européennes.

彼はいくつものヨーロッパ言語を話す。

□□□ 338

bébé / bebe / 赤ちゃん

男 **Tout petit enfant qui a moins de deux ans.**

2歳未満のとても小さな子ども

例 Ma sœur a eu un **bébé** le mois dernier.

先月、姉に赤ん坊が生まれた。

□□□ 339

nager / naʒe / 泳ぐ

自 **Se déplacer dans l'eau en faisant certains mouvements.**

何らかの動きをすることで水の中を移動する

女 natation 泳ぐこと、水泳

例 Mon frère ne sait pas **nager**.

私の兄は泳げない。

□□□ 340

apporter / apɔrte / ～を持ってくる

他 **Venir avec un objet ou porter quelque chose à quelqu'un.**

ものを持ってくる、あるいは誰かに何かを運ぶ

例 **Apportez**-nous plus de pain, s'il vous plaît.

パンをもっと持ってきてもらえますか。

340語

□□□ 341

se souvenir de

/ sə suvnir də / ～を覚えている

熟 Avoir dans sa mémoire. 記憶にある

mémoire 記憶

ⓘ「～を思い出す」という意味もある。

例 Elle ne **se souvient** plus **de** son enfance. 彼女はもう子どものころのことを覚えていない。

□□□ 342

accident

/ aksidɑ̃ / 事故

男 Quelque chose de grave qui arrive. 生じる悪いこと

例 Il y a eu un **accident** à cette intersection hier. 昨日この交差点で事故があった。

□□□ 343

sorte

/ sɔrt / 種類

女 Ensemble de personnes ou de choses qui ont les mêmes caractéristiques. 同じ特性を持つ人やものの総体

caractéristique 特性

例 C'est une **sorte** de miracle. それは一種の奇跡だ。

□□□ 344

art

/ ar / 芸術

男 Activité qui a pour but de créer de belles choses. 美しいものを作ることを目的とした活動

ⓘ「技術、技法」という意味もある。

名 **artiste** 芸術家　形 **artistique** 芸術的な

例 Cécile s'intéresse à l'**art** japonais. セシルは日本の芸術に興味がある。

□□□ 345

retour / rətur / 帰ること

男 ① **Le fait de revenir quelque part après en être parti.**
どこかを去ったあと、そこに戻ってくること

自 retourner 戻る、帰っていく

例 Bon **retour** à Paris!
気をつけてパリに帰ってね！

帰路

② **Trajet que l'on fait pour revenir à son point de départ.**
出発点に戻るための行程

trajet 行程、道のり

例 Je l'ai rencontrée au **retour** de Paris.
私はパリからの帰途に彼女に会った。

□□□ 346

servir / sɛrvir / 〈人〉に給仕する

自 ① **Apporter les plats et les boissons à table ou remplir l'assiette et le verre des convives.**
料理や飲み物をテーブルに運ぶ、あるいは会食者の皿やグラスを満たす

convive 招待客、会食者

男 service 給仕

例 Laissez-moi vous **servir**.
あなたにお注ぎ（お取り分け）しましょう。

役立つ

② **Être utile ou être utilisé pour faire quelque chose.**
役に立つ、または何かをするために使われる

例 À quoi ça **sert**, toutes ces discussions?
これらすべての議論は何の役に立つのでしょう？

346語

□□□ 347

bateau

/ bato / 船

男 **Moyen de transport pour se déplacer sur l'eau.**

水上を移動するための輸送手段

ⓘ 複数形はbateaux。

例 Un grand **bateau** est entré dans le port.

大きな船が港に入ってきた。

□□□ 348

ciel

/ sjɛl / 空

男 **Espace que l'on voit dehors au-dessus de nos têtes.**

屋外で頭上に見える空間

≒ firmament

例 On voit beaucoup d'étoiles dans le **ciel**.

空にたくさんの星が見える。

□□□ 349

envoyer

/ ɑ̃vwaje / ～を送る

他 **Faire partir quelqu'un ou quelque chose quelque part.**

誰かあるいは何かをどこかに出発させる

≒ adresser; expédier

男 envoi 送ること、発送

例 Hélène **envoie** chaque année des cartes de Noël à ses amis.

エレーヌは毎年、友だちにクリスマスカードを送る。

□□□ 350

jeu

/ ʒø / ゲーム、遊び

男 **Activité que l'on pratique pour s'amuser.**

人が楽しむために行う活動

ⓘ 複数形はjeux。

例 Mon frère joue toujours aux **jeux** vidéo.

弟はテレビゲームばかりしている。

□□□ 351

minuit
/ minɥi / 真夜中

男 Milieu de la nuit marqué par 24 heures ou 0 heure.
24時または0時と表示される夜のまっただ中

例 Je me couche avant **minuit** d'habitude. 私はふだん夜12時前に寝る。

□□□ 352

d'habitude
/ dabityd / ふだんは

熟 En général.
一般的に

≒ habituellement; ordinairement

形 habituel, *le* 習慣的な 他 habituer ～を慣らす

例 **D'habitude**, Éric achète du pain dans ce magasin. エリックはふだん、この店でパンを買う。

□□□ 353

type
/ tip / タイプ、種類

男 Ensemble des caractères communs à un groupe de personnes ou d'objets.
人やもののグループに共通する特徴の総体

caractère 特徴

≒ catégorie; genre; sorte

形 typique 典型的な

例 La langue française possède trois **types** d'articles. フランス語には3種類の冠詞がある。

□□□ 354

piscine
/ pisin / プール

女 Grand bassin d'eau installé pour nager.
泳ぐために設置された大きな貯水槽

bassin 貯水槽 installer ～を設置する

例 Je suis allé nager dans la **piscine**. 私はプールに泳ぎに行った。

354語

□□□ 355

programme / prɔgram / プログラム

男 ① **Liste de films, d'émissions de radio ou de télévision, etc. indiquant les horaires, les sujets ou les noms des artistes.**

時間やテーマ、アーティスト名を表示する、映画やラジオ、テレビ番組などのリスト

horaire スケジュール、時間割

例 Le **programme** du festival vient d'être publié.

フェスティバルのプログラムが発表されたところだ。

スケジュール、予定

② **Ensemble des actions que l'on décide de faire pour arriver à un résultat.**

ある結果に至るために行うと決められている行為の総体

例 Le typhon nous a obligés à changer de **programme**.

私たちは台風の影響で予定の変更を余儀なくされた。

□□□ 356

sentir / sɑ̃tir / においがする

自 **Percevoir une odeur.**

においを知覚する

男 sentiment 感情、気持ち　形 sentimental, *e* 感情の

例 Ce savon **sent** très bon.

このせっけんはとてもよいにおいがする。

se sentir / sə sɑ̃tir / 自分が～だと感じる

代動 **Éprouver un état physique ou moral particulier.**

ある身体的あるいは精神的状態を経験する

例 Je me suis un peu reposé parce que je ne **me sentais** pas bien.

気分が悪かったので少し休んだ。

□□□ 357

voisin, *e* / vwazɛ̃, -zin / 隣の

形 **Proche du lieu où l'on se trouve.** 自分がいる場所に近い

≒ adjacent, *e*

男 voisinage 近所の人々

例 Mon cousin habite dans une ville **voisine**. 私のいとこは近くの町に住んでいる。

隣人

名 **Personne qui habite à côté.** 隣に住んでいる人

例 Mon **voisin** est souvent absent. 私の隣人はよく留守にしている。

□□□ 358

plein, *e* / plɛ̃, plɛn / いっぱいの

形 **Qui ne peut pas contenir davantage.** それ以上入れられない

davantage さらに、それ以上

≒ rempli, *e*; bourré, *e*; comble

⇔ vide

ⓘ 後ろに〈de＋無冠詞名詞〉を伴って「～でいっぱいの」の意味。

副 pleinement 完全に、十分に

例 La salle était **pleine** de spectateurs. 会場は観客でいっぱいだった。

□□□ 359

rire / rir / 笑う

自 **Montrer sa gaieté par certains mouvements du visage et des sons.** ある種の顔の動きと声で楽しさを示す

gaieté 楽しさ　discret, *ète* 控えめな

例 Quand on est heureux, on **rit**. 幸せなとき、人は笑う。

□□□ 360

réserver

/ rezɛrve / ～を予約する

他 ① **Faire garder à l'avance une place pour un spectacle, un transport, ou un séjour à l'hôtel.**

ショーや交通機関、またはホテルでの滞在のために、事前に場所を確保する

≒ retenir

女 réservation 予約　女 réserve 蓄え、買い置き

例 Je voudrais **réserver** deux places pour demain soir.

明日の晩に席を2つ予約したいのですが。

～を取っておく

② **Mettre quelque chose de côté.**

何かを脇にのけておく

例 Je préfère **réserver** une place pour le fromage.

（おなかに）チーズのための場所を取っておくほうがいいな。

□□□ 361

valise

/ valiz / スーツケース

女 **Bagage en tissu, en cuir ou tout autre matériau, fermé par un couvercle et que l'on porte à la main en tenant la poignée.**

ふたで閉じ、取っ手をつかんで手で運ぶ、布、革、またはその他の素材のかばん

cuir 革　**matériau** 材料　**poignée** 取っ手、柄

例 Sa **valise** rouge était facile à trouver.

彼女の赤いスーツケースを見つけるのは簡単だった。

□□□ 362

facile

/ fasil / やさしい、容易な

形 **Qui se fait sans effort, sans difficulté.**

努力せずに、困難なく行われる

≒ aisé, *e*

⇔ compliqué, *e*; difficile; dur, *e*

副 facilement 容易に　女 facilité 容易さ

例 Ce problème de physique n'est pas **facile**.

この物理の問題は簡単ではない。

□□□ 363

service

/ sɛrvis / 給仕

男 ① **Travail des personnes qui s'occupent des clients dans un restaurant ou un café.**

レストランやカフェで客の世話をする人の仕事

自 servir 〈人〉に給仕する

例 Le **service** dans l'avion était excellent.

機内サービスはとても素晴らしかった。

手助け

② **Ce qui aide quelqu'un, lui est utile.**

誰かを助けること、誰かの役に立つこと

例 Je peux te demander un petit **service**?

ちょっとお願いをしてもいい?

□□□ 364

stylo

/ stilo / ペン、万年筆

男 **Objet qui sert à écrire et qui contient une réserve d'encre.**

中にインクの蓄えがある筆記具

réserve 予備、蓄え　encre インク

例 On écrit facilement avec ce **stylo**.

このペンは書きやすい。

□□□ 365

lourd, *e*

/ lur, lurd / 重い

形 **Qui a un grand poids.**

大きな重さがある

⇔ léger

ⓘ lourde responsabilité（重い責任）のように比ゆ的な意味でも使われる。

副 lourdement 重く

例 Ma valise était trop **lourde** à porter.

私のスーツケースは運ぶには重すぎた。

□□□ 366

soirée

/ sware / 晩（夜の時間帯）

女 ① **Espace de temps entre la fin du jour et le moment où l'on se couche.**

昼間の終わりから寝る瞬間までの時間

≒ soir

例 Passez une bonne **soirée**!

素敵な夜をお過ごしください！

夜のパーティー

② **Fête qui a lieu tard, après le dîner.**

夕食後、遅くに行われるパーティー

例 Il n'a pas été invité à la **soirée**.

彼は夜のパーティーに招待されなかった。

□□□ 367

région

/ reʒjɔ̃ / 地方、地域

女 **Territoire d'une grande étendue.**

広大な領土

形 **régional, *e*** 地方の、地域の

例 Cette **région** est connue pour son climat doux.

この地域は温暖な気候で知られている。

□□□ 368

marché

/ marʃe / 市場

男 **Lieu public couvert ou en plein air où sont vendus toutes sortes de produits: fruits, légumes, fromages, viandes, et parfois aussi vêtements, tissus, chaussures, etc.**

果物、野菜、チーズ、肉、そして時に衣服、布地、靴など、あらゆる種類の産物が販売される、屋内または屋外の公共の場所

en plein air 屋外で

例 J'achète des légumes au **marché** tous les matins.

私は毎朝、市場で野菜を買う。

□□□ 369

se dépêcher

/ sə depeʃe / 急ぐ

代動 **Faire vite.**

迅速に行う

≒ se hâter; se presser

例 **Dépêchez-vous**. Vous allez être en retard.

急ぎなさい。遅刻しますよ。

□□□ 370

escalier

/ ɛskalje / 階段

男 **Suite de marches permettant de monter ou descendre.**

上ったり下りたりすることを可能にする一連の段

marche（階段の）段、ステップ

例 Elle est tombée dans les **escaliers** hier.

彼女は昨日、階段から落ちた。

□□□ 371

perdre

/ pɛrdr / ～を失う

他 **Ne plus trouver un objet que l'on possédait ou être séparé d'une personne proche par la mort.**

人が所有していたものがもはや見つからない、または死によって親しい人から引き離される

⇔ gagner

形 perdu, *e* 失われた

例 Il **a perdu** son passeport en revenant de l'aéroport.

彼は空港からの帰りにパスポートをなくした。

se perdre

/ sə pɛrdr / 道に迷う

代動 **Ne plus savoir quel chemin il faut suivre.**

どの道をたどるべきか、もはやわからない

例 Elle **s'est** complètement **perdue** dans le bois.

彼女は林の中で完全に道に迷った。

371語

□□□ 372

simple

/ sɛ̃pl / 簡単な

形 ① **Que l'on comprend sans difficulté.**

人が難なく理解できる

≒ élémentaire; facile ⇔ compliqué, *e*; difficile

副 simplement 単純に；単に 女 simplicité 単純さ

例 Le problème n'est pas si **simple**.

問題はそれほど単純ではない。

簡素な、質素な

② **Qui ne présente aucune complication.**

複雑さのない

complication 複雑さ

≒ sobre

例 Il mène une vie toute **simple**.

彼はとても質素な生活を送っている。

□□□ 373

métro

/ metro / 地下鉄

男 **Sorte de train souterrain ou aérien qui permet de se déplacer dans une grande ville.**

大都市で移動することを可能にする、地下または高架の鉄道の一種

souterrain, *e* 地下の aérien, *ne* 空中の

例 Le **métro** de Tokyo est extrêmement complexe.

東京の地下鉄は極端に複雑だ。

□□□ 374

colère

/ kɔlɛr / 怒り

女 **Réaction violente d'une personne qui exprime son mécontentement avec force ou le contient à l'intérieur d'elle-même.**

不満を強く表に出したり、内に秘めたりする、人の激しい反応

violent, *e* 激しい mécontentement 不満

例 Il est en **colère** contre Marie.

彼はマリーに対して腹を立てている。

□□□ 375

intéresser / ɛ̃terese / ～に興味を持たせる

他 **Éveiller la curiosité de quelqu'un, retenir son attention.**
誰かの好奇心をかき立てる、注意を引く

éveiller ～を喚起する　**curiosité** 好奇心

男 intérêt 関心；利益　形 intéressant, *e* 面白い

例 Ce film ne m'**intéresse** pas beaucoup.
私はこの映画にはあまり興味がない。

s'intéresser / sɛ̃terese / 興味を持つ

代動 **Avoir de la curiosité pour quelque chose.**
何かに好奇心を抱く

例 Vous **vous intéressez** à l'histoire de France ?
フランスの歴史に興味はありますか。

□□□ 376

fièvre / fjɛvr / 熱

女 **Température anormalement élevée du corps.**
異常に高い体温

anormalement 異常に

例 Elle a de la **fièvre** depuis ce matin.
彼女は今朝から熱がある。

□□□ 377

casser / kase / ～を壊す、折る

他 **Faire que quelque chose ne puisse plus servir.**
何かを役に立たない状態にする

≒ abimer; détériorer

女 casse 壊すこと、破損

例 J'**ai cassé** le précieux vase de ma mère.
私は、母の貴重な花瓶を割ってしまった。

377語

□□□ 378

arrêter / arete / ～を止める

他 ① **Empêcher quelqu'un ou quelque chose d'avancer ou de continuer.**

誰かまたは何かが前進したり継続したりするのを妨げる

≒ immobiliser; stopper

男 arrêt 停車；停止

例 Le policier **a arrêté** la voiture.

警官はその車を停止させた。

～をやめる

② **Cesser de faire quelque chose.**

何かを行うのをやめる

⇔ continuer

例 Il **a arrêté** de travailler à l'âge de 60 ans.

彼は60歳で働くのをやめた。

～を逮捕する

③ **Attraper quelqu'un pour le mettre en prison.**

誰かを捕まえて刑務所に入れる

attraper ～を捕まえる　prison 刑務所

≒ appréhender

⇔ relâcher

例 Le suspect **a été arrêté** ce matin.

今朝、容疑者が逮捕された。

s'arrêter / sarɛte / 止まる

代動 **Ne pas aller plus loin.**

それ以上進まない

例 Le bruit **s'est arrêté** tout d'un coup.

騒音は突然やんだ。

□□□ 379

danser

/ dɑ̃se / 踊る

自 **Faire des pas et des mouvements en suivant une musique.**

音楽に合わせてステップを踏み、体を動かす

女 danse 踊り、ダンス 名 danseur, *se* 踊り手、ダンサー

例 Vous voulez **danser** avec moi? 私と踊りませんか。

□□□ 380

chauffeur

/ ʃofœr / 運転者

男 **Personne qui conduit un camion, un autobus, une voiture, un taxi, etc.**

トラック、バス、車、タクシーなどを運転する人

camion トラック

ⓘ 女性の場合も同形。

例 Il est **chauffeur** de taxi. 彼はタクシーの運転手だ。

□□□ 381

inviter

/ ɛ̃vite / 〜を招待する

他 **Demander à quelqu'un de venir quelque part.**

誰かにどこかに来るよう求める

女 invitation 招待

例 Mélanie **a invité** ses amis à sa fête de Noël. メラニーは友だちをクリスマスパーティーに招待した。

□□□ 382

d'abord

/ dabɔr / 初めに

熟 **Pour commencer.**

始めるにあたって

⇔ après; ensuite

例 Permettez-moi tout **d'abord** de me présenter. まず最初に自己紹介させていただきます。

□□□ 383

louer

/ lwe / 〜を賃借りする

他 **Donner une somme d'argent à un propriétaire pour utiliser un logement ou un objet.**

住居やものを使うために所有者に金を払う

ⓘ「賃貸しする」の意味もある。

例 Cela coûte cher de **louer** un logement dans cette ville.

この町で部屋を借りるのは高くつく。

□□□ 384

dessert

/ desɛr / デザート

男 **Aliment sucré que l'on mange à la fin du repas.**

食事の終わりに食べる甘い食べ物

例 Qu'est-ce que vous prenez comme **dessert**?

デザートには何を食べますか。

□□□ 385

partout

/ partu / 至るところに、あちこちに

副 **Dans tous les endroits.**

すべての場所において

例 Il y a des parcs un peu **partout** dans la ville.

町のほとんど至るところに公園がある。

□□□ 386

rôle

/ rol / 役割

男 **Fonction exercée par une personne, ce qu'elle doit faire.**

人によって行使される機能、その人がすべきこと

fonction 機能　exercer 〜を行使する

例 Il a un **rôle** important dans ce projet.

彼はこのプロジェクトで重要な役割を果たしている。

387

envie
/ ɑ̃vi / 欲求、欲望

女 **Désir d'avoir quelque chose.**
何かを所有したいという欲

désir 欲、欲望

他 **envier** ～をうらやむ、ねたむ

例 Elle a **envie** d'un nouvel ordinateur.
彼女は新しいパソコンを欲しがっている。

388

bord
/ bɔr / 縁

男 **Partie qui forme le tour ou la limite de quelque chose.**
何かの輪郭または境界を形成する部分

tour 輪郭、縁　**limite** 境界

例 L'hôtel est au **bord** du lac.
そのホテルは湖のほとりにある。

389

église
/ egliz / 教会

女 **Bâtiments où les catholiques romains ou orthodoxes se rassemblent pour prier.**
カトリック教徒あるいは正教徒が集まって祈る建物

catholique カトリック教徒　**romain, *e*** ローマカトリック教会の　**orthodoxe** 正教徒

例 Ma grand-mère va à l'**église** tous les dimanches.
祖母は毎週日曜日、教会に行く。

390

quartier
/ kartje / 地区、界隈

男 **Partie d'une ville.**
都市の一部

例 Il y a beaucoup de cafés dans ce **quartier**.
この界隈には多くのカフェがある。

390語

□□□ 391

impossible

/ ɛ̃pɔsibl / 不可能な

形 **Qui ne peut pas être fait, qui ne peut pas se produire.**

なされ得ない、起こり得ない

≒ infaisable; irréalisable

⇔ possible

女 impossibilité 不可能であること

例 Il est **impossible** de finir ce travail aujourd'hui.

今日この仕事を終えるのは不可能だ。

□□□ 392

réussir

/ reysir / 成功する

自 **Obtenir le résultat que l'on souhaitait.**

望んでいた結果を得る

女 réussite 成功、好結果

例 Paul **a réussi** à réparer son ordinateur.

ポールはコンピュータの修理に成功した。

□□□ 393

entrée

/ ɑ̃tre / 入場、入学

女 ① **Action d'entrer dans un lieu, une classe, une salle de spectacle, etc.**

場所、教室、ホールなどに入る行為

自 entrer 入る

例 L'**entrée** à cette exposition est libre.

この展覧会は入場無料です。

入り口

② **Endroit par où l'on pénètre dans une maison, un bâtiment, etc.**

人がそこを通って家や建物などに入る場所

pénétrer 入り込む

例 Nous nous sommes rencontrés à l'**entrée** du grand magasin.

私たちはデパートの入り口で待ち合わせた。

394

lumière / lymjɛr / 光

女 **Clarté qui vient du soleil ou d'une lampe.** 太陽や電灯から来る明かり

clarté 明かり、光

例 La **lumière** était trop faible pour la lecture. その光は読書するには弱すぎた。

395

genre / ʒɑ̃r / 種類、ジャンル

男 **Ensemble d'êtres ou de choses qui ont des caractères communs.** 共通の特徴を持つ生物または事物の総体

≒ espèce; sorte; type

例 Quel **genre** de roman aimez-vous? どんな種類の小説が好きですか。

396

banque / bɑ̃k / 銀行

女 **Établissement où on dépose ou retire de l'argent.** お金を預けたり引き出したりする施設

男 banqui*er*, *ère* 銀行家

例 Ma sœur travaille pour une **banque**. 姉は銀行に勤めている。

397

se reposer / sə rəpoze / 休む、休息をとる

代動 **Faire disparaître la fatigue.** 疲れを消失させる

fatigue 疲れ

例 **Reposez-vous** quand vous ne vous sentez pas bien. 気分が悪いときは休んでください。

397語

□□□ 398

or

/ ɔr / 金

男 **Métal précieux jaune et brillant.**

黄色で輝く貴金属

précieux, *se* 高価な、貴重な

例 Elle a gagné une médaille d'**or**.

彼女は金メダルを獲得した。

□□□ 399

grave

/ grav / 重大な、深刻な

形 **Qui peut avoir des conséquences importantes.**

重大な結果をもたらす可能性がある

conséquence 結果

⇔ bénin, *e*; anodin, *e*

例 Le changement climatique est un problème **grave**.

気候変動は重大な問題だ。

□□□ 400

plan

/ plɑ̃ / 計画、プラン

男 ① **Projet élaboré.**

入念に作られた計画

élaboré, *e* 入念に作られた

例 Nous avons changé de **plan** plusieurs fois.

私たちは何度も計画を変更した。

図面、市街図

② **Dessin précis qui représente les différentes parties d'un bâtiment ou d'un lieu.**

建物や場所のさまざまな部分を表す正確な図面

ⓘ「平面」という意味もある。

例 Il m'a indiqué la mairie sur le **plan**.

彼は私に地図で市役所を示した。

章末ボキャブラリーチェック

次の語義が表すフランス語の語句を答えてください

語義	解答	連番
❶ Ensemble des caractères communs à un groupe de personnes ou d'objets.	type	353
❷ Proche du lieu où l'on se trouve.	voisin	357
❸ Bâtiments où les catholiques romains ou orthodoxes se rassemblent pour prier.	église	389
❹ Ensemble de personnes ou de choses qui ont les mêmes caractéristiques.	sorte	343
❺ Passage en terre, avec des cailloux ou de l'herbe.	chemin	324
❻ Trouver une personne ou une chose qu'on avait perdue.	retrouver	328
❼ Activité que l'on pratique pour s'amuser.	jeu	350
❽ Objet qui sert à écrire et qui contient une réserve d'encre.	stylo	364
❾ Avec l'aide de quelqu'un ou de quelque chose.	grâce à	322
❿ Obtenir le résultat que l'on souhaitait.	réussir	392
⓫ Température anormalement élevée du corps.	fièvre	376
⓬ Faire garder à l'avance une place pour un spectacle, un transport, ou un séjour à l'hôtel.	réserver	360
⓭ Demander à quelqu'un de venir quelque part.	inviter	381
⓮ Qui peut avoir des conséquences importantes.	grave	399
⓯ Sorte de train souterrain ou aérien qui permet de se déplacer dans une grande ville.	métro	373
⓰ Ensemble de personnes ou de choses rassemblées.	groupe	329
⓱ Partie qui forme le tour ou la limite de quelque chose.	bord	388
⓲ Qui vient d'un autre pays.	étranger	333
⓳ Faire des pas et des mouvements en suivant une musique.	danser	379
⓴ Qui a un grand poids.	lourd	365

語義	解答	連番
㉑ Montrer sa gaieté par certains mouvements du visage et des sons.	rire	359
㉒ Établissement où on dépose ou retire de l'argent.	banque	396
㉓ Milieu de la nuit marqué par 24 heures ou 0 heure.	minuit	351
㉔ Qui ne peut pas être fait, qui ne peut pas se produire.	impossible	391
㉕ Ensemble d'êtres ou de choses qui ont des caractères communs.	genre	395
㉖ Aspirer puis rejeter la fumée du tabac avec une cigarette ou une pipe.	fumer	327
㉗ Dans tous les endroits.	partout	385
㉘ Métal précieux jaune et brillant.	or	398
㉙ Durée de cent ans.	siècle	330
㉚ Ensemble des mots et des règles utilisés pour parler et écrire.	langue	337
㉛ Tout petit enfant qui a moins de deux ans.	bébé	338
㉜ Poser ses fesses sur quelque chose.	s'asseoir	325
㉝ Liste de films, d'émissions de radio ou de télévision, etc. indiquant les horaires, les sujets ou les noms des artistes.	programme	355
㉞ Faire pousser des plantes.	cultiver	336
㉟ Chacune des quatre périodes de l'année qui dure trois mois, dont les conditions climatiques sont généralement constantes.	saison	326
㊱ Espace que l'on voit dehors au-dessus de nos têtes.	ciel	348
㊲ Suite de marches permettant de monter ou descendre.	escalier	370
㊳ Empêcher quelqu'un ou quelque chose d'avancer ou de continuer.	arrêter	378
㊴ Espace de temps entre la fin du jour et le moment où l'on se couche.	soirée	366
㊵ Territoire d'une grande étendue.	région	367
㊶ Apporter les plats et les boissons à table ou remplir l'assiette et le verre des convives.	servir	346

語義	解答	連番
㊷ Se déplacer dans l'eau en faisant certains mouvements.	nager	339
㊸ Grand bassin d'eau installé pour nager.	piscine	354
㊹ Son ou ensemble de sons que l'on entend.	bruit	334
㊺ Activité qui a pour but de créer de belles choses.	art	344
㊻ Ouvert à tout le monde.	public	331
㊼ Partie d'une ville.	quartier	390
㊽ Aliment fabriqué avec du lait de vache, de brebis ou de chèvre.	fromage	332
㊾ Faire disparaître la fatigue.	se reposer	397
㊿ Fonction exercée par une personne, ce qu'elle doit faire.	rôle	386
51 Personne qui conduit un camion, un autobus, une voiture, un taxi, etc.	chauffeur	380
52 Le fait de revenir quelque part après en être parti.	retour	345
53 Lien entre deux ou plusieurs personnes ou choses.	rapport	321
54 Faire que quelque chose ne puisse plus servir.	casser	377
55 Lieu public couvert ou en plein air où sont vendus toutes sortes de produits: fruits, légumes, fromages, viandes, et parfois aussi vêtements, tissus, chaussures, etc.	marché	368
56 Clarté qui vient du soleil ou d'une lampe.	lumière	394
57 Faire partir quelqu'un ou quelque chose quelque part.	envoyer	349
58 Pour commencer.	d'abord	382
59 Avoir dans sa mémoire.	se souvenir de	341
60 Venir avec un objet ou porter quelque chose à quelqu'un.	apporter	340
61 Action d'entrer dans un lieu, une classe, une salle de spectacle, etc.	entrée	393
62 Donner une somme d'argent à un propriétaire pour utiliser un logement ou un objet.	louer	383
63 Quelque chose de grave qui arrive.	accident	342

語義	解答	連番
64 Qui ne peut pas contenir davantage.	plein	358
65 Qui se fait sans effort, sans difficulté.	facile	362
66 Travail des personnes qui s'occupent des clients dans un restaurant ou un café.	service	363
67 Ne plus trouver un objet que l'on possédait ou être séparé d'une personne proche par la mort.	perdre	371
68 Réaction violente d'une personne qui exprime son mécontentement avec force ou le contient à l'intérieur d'elle-même.	colère	374
69 Faire vite.	se dépêcher	369
70 Désir d'avoir quelque chose.	envie	387
71 Percevoir une odeur.	sentir	356
72 Moyen de transport pour se déplacer sur l'eau.	bateau	347
73 Donner quelque chose contre de l'argent selon un prix fixé.	vendre	335
74 Projet élaboré.	plan	400
75 Que l'on comprend sans difficulté.	simple	372
76 Bagage en tissu, en cuir ou tout autre matériau, fermé par un couvercle et que l'on porte à la main en tenant la poignée.	valise	361
77 Éveiller la curiosité de quelqu'un, retenir son attention.	intéresser	375
78 En général.	d'habitude	352
79 Aliment sucré que l'on mange à la fin du repas.	dessert	384
80 Qui a un grand intérêt, qui n'est pas négligeable.	important	323

Étape 6

On ne fait pas d'omelettes sans casser des œufs.
卵を割ることなくしてオムレツは作れない。

□□□ 401

ordinateur
/ ɔrdinatœr / コンピュータ

男 Machine électronique obéissant à des programmes qui peut traiter très vite un grand nombre d'informations.

プログラムに従って動く、大量の情報を非常に迅速に処理できる電子機器

obéir à ～に従う　**traiter** ～を処理する

例 Ce nouvel **ordinateur** est rapide.

この新しいコンピュータは動きが速い。

□□□ 402

riz
/ ri / ご飯、米

男 Graines d'une céréale des régions chaudes cultivée sur un sol inondé.

水を満たした土壌で栽培される、暖かい地域の穀物の種子

céréale 穀物　**inondé, *e*** 水浸しになった

例 Le **riz** est important quand on fait des sushi.

寿司を作るときは米が重要だ。

□□□ 403

nuage
/ nɥaʒ / 雲

男 Masse de gouttelettes d'eau qui flottent dans le ciel.

空に浮かぶ小さなしずくの塊

masse 塊　**gouttelette** 小さなしずく　**flotter** 浮く、浮かぶ

形 nuageux, *se* 曇った

例 Il n'y a pas un **nuage** dans le ciel.

空には雲一つない。

□□□ 404

rond, *e*
/ rɔ̃, rɔ̃d / 丸い

形 Qui a la forme d'un cercle, d'un disque ou d'une boule.

円、円盤、あるいはボールの形をした

boule ボール

≒ circulaire

例 La lune est toute **ronde** ce soir.

今夜は月が真ん丸だ。

□□□ 405

cousin, *e*

/ kuzɛ̃, -zin / いとこ

名 **Fils ou fille d'un oncle ou d'une tante.**

おじまたはおばの息子または娘

例 Je vous présente ma **cousine** Émilie.

いとこのエミリを紹介します。

□□□ 406

payer

/ peje / ～を支払う

他 **Donner une somme d'argent en échange d'une marchandise, d'un travail.**

商品、労働と引き換えにある金額を与える

en échange de ～と引き換えに

ⓘ 「～を買うのに〈金額〉を払う」と言うときは〈payer＋名詞＋金額〉の順。

男 paiement 支払い

例 J'**ai payé** ce chapeau 30 euros.

私はこの帽子に30ユーロを払った。

407語

□□□ 407

expérience

/ ɛksperjɑ̃s / 経験

女 ① **Connaissance dans une activité que l'on pratique depuis longtemps.**

人が長い間行っている活動における知識

例 Le camp a été une bonne **expérience** pour moi.

そのキャンプは私にとっていい経験だった。

実験

② **Essai que l'on fait dans un laboratoire pour étudier un phénomène précis.**

特定の現象を研究するために実験室で行われるテスト

essai テスト　**laboratoire** 実験室　**phénomène** 現象

例 Nous avons une **expérience** de chimie à l'école aujourd'hui.

私たちは今日、学校で化学の実験がある。

□□□ 408

présenter /prezɑ̃te/ ～を紹介する

他 ① **Dire le nom d'une personne pour la faire connaître.** 人を知り合いにさせるためにその人の名前を言う

女 présentation 紹介；提示

例 Je te **présente** à mes parents ce week-end. 今週末、君を僕の両親に紹介するよ。

～を見せる、提示する

② **Faire voir quelque chose.** 何かを見えるようにする

例 Il **a présenté** sa carte d'identité au policier. 彼は警官に身分証明書を提示した。

□□□ 409

vent /vɑ̃/ 風

男 **Mouvement naturel de l'air, plus ou moins violent.** 強かったり弱かったりする、空気の自然の動き

非 venter 風が吹く 他 ventiler ～を換気する

例 Il y a du **vent** fort aujourd'hui. 今日は強風が吹いている。

□□□ 410

profession /prɔfɛsjɔ̃/ 職業

女 **Travail régulier que l'on fait pour obtenir l'argent nécessaire pour vivre.** 生活するのに必要な金を得るために人が行う定期的な仕事

≒ métier

形 professionnel, *le* 職業に関する、プロの

例 Quelle est la **profession** de votre père? あなたのお父さんの職業は何ですか。

411

mode / mɔd / 流行

女 **Manière de s'habiller, de se coiffer, de vivre qui plaît à une certaine époque.**

特定の時代に好まれる着こなし、髪型、生き方

se coiffer 自分の髪を整える

例 Ce pantalon est à la **mode**.　このズボンは流行している。

412

tenir / tənir / (手・腕の中に)〜を持つ

他 **Garder quelque chose à la main ou dans ses mains ou ses bras.**

片手、両手または腕に何かを持っている

例 La petite fille **tenait** des pièces de monnaie dans sa main.　少女は手に何枚かのコインを持っていた。

413

manteau / mɑ̃to / コート

男 **Vêtement long à manches longues, boutonné devant, que l'on porte pour sortir.**

外出するために着る、前にボタンがついた長袖の長い衣服

boutonner 〜のボタンをかける

ⓘ 複数形はmanteaux。

例 Les **manteaux** se vendent bien cet hiver.　この冬、コートがよく売れている。

414

dictionnaire / diksjɔnɛr / 辞書

男 **Livre qui présente les mots dans l'ordre alphabétique.**

単語をアルファベット順に提示した本

ordre 順番　**alphabétique** アルファベットの

例 Yuri a besoin d'un **dictionnaire** pour lire ce livre en français.　ユリはこのフランス語の本を読むのに辞書が必要だ。

415

époque

/ epɔk / 時代、時期

女 **Moment particulier de l'histoire.**

歴史上の特定の時期

≒ période; temps

例 L'**époque** d'Edo a commencé en 1603.

江戸時代は1603年に始まった。

416

rivière

/ rivjɛr / 川

女 **Cours d'eau qui rejoint un autre cours d'eau.**

別の水の流れに合流する水の流れ

rejoindre ～に合流する

ⓘ La Seine（セーヌ川）やLe Rhin（ライン川）のような海に注ぐ大河はfleuveと言う。rivièreはfleuveに注ぐ川。

例 J'allais pêcher à la **rivière** tous les soirs.

私は毎夕、川に釣りに行っていた。

417

boisson

/ bwasɔ̃ / 飲み物

女 **Liquide que l'on boit (thé, café, jus de fruit, soda, etc.).**

（茶、コーヒー、果汁、ソーダなどの）人が飲む液体

他 boire ～を飲む

例 Qu'est-ce que vous prenez comme **boisson**?

飲み物には何を召し上がりますか。

418

moyen

/ mwajɛ̃ / 手段、方法

男 **Procédé qui permet de réaliser quelque chose.**

何かを実現することを可能にする方法

réaliser ～を実現する

例 Je n'ai aucun **moyen** de prendre contact avec lui.

彼に連絡する手段がまったくない。

□□□ 419

gagner
/ gaɲe / ～を稼ぐ、もうける

他 ① Recevoir de l'argent pour un travail.

仕事の見返りに金を受け取る

例 Louis **gagne** 2,000 euros par mois.

ルイは月に2,000ユーロ稼いでいる。

〈試合など〉に勝つ

② Remporter la victoire dans une compétition.

競技において勝利を獲得する

remporter ～を勝ち取る、獲得する　**victoire** 勝利

⇔ perdre

例 Manon **a gagné** le match de tennis.

マノンはテニスの試合に勝った。

□□□ 420

client, *e*
/ klijɑ̃, -jɑ̃t / 客

名 Personne qui fait des achats dans un magasin.

店で買い物をする人

≒ acheteur

例 Ce magasin est toujours plein de **clients**.

この店はいつも客でいっぱいだ。

□□□ 421

espérer
/ ɛspere / ～を望む

他 Penser que quelque chose que l'on désire va se produire.

自分が望む何かが起こるだろうと考える

≒ attendre; escompter

女 espérance 希望

例 J'**espère** que vous allez bien.

あなたがお元気であることを願っています。

□□□ 422

rappeler / raple / ～を思い出させる

他 ① **Faire en sorte que quelqu'un se souvienne de quelque chose.**
誰かが何かを思い出すようにさせる

男 rappel 呼び戻すこと

例 Ces cahiers me **rappellent** mes années universitaires.
これらのノートは私に大学時代を思い出させる。

～に再び電話する

② **Appeler quelqu'un de nouveau au téléphone.**
誰かにもう一度電話する

例 Je te **rappellerai** ce soir de mon portable.
今夜、携帯電話から君にかけ直すよ。

□□□ 423

expliquer / ɛksplike / ～を説明する

他 **Faire comprendre quelque chose avec des mots.**
言葉で何かを理解させる

女 explication 説明

例 Cette histoire **explique** l'importance de la vie.
この物語は命の大切さを説いている。

□□□ 424

lycée / lise / 高校

男 **Établissement scolaire où les élèves vont de 15 à 18 ans.**
生徒が15歳から18歳まで通う教育機関

scolaire 学校教育の

名 lycéen, *ne* リセの生徒、高校生

例 Mon **lycée** avait une grande bibliothèque.
私の高校には大きな図書館があった。

□□□ 425

verre

/ vɛr / ガラス

男 ① **Matière dure, transparente ou colorée, qui est fragile et peut être rayée ou cassée.**

もろく、傷がついたり割れたりすることもある、硬く、透明または着色された物質

rayer ～に擦り傷をつける

例 Je préfèrerais un vase en **verre**.

私はガラスの花瓶のほうが好きだ。

コップ、グラス

② **Petit récipient en verre mais aussi en métal, en matière plastique, en carton, etc. dont on se sert pour boire.**

ガラスや金属、プラスチック、厚紙などでできた、飲むために使う小さな容器

例 Je voudrais avoir un **verre** d'eau, s'il vous plaît.

グラス1杯の水をお願いします。

□□□ 426

nécessaire

/ nesesɛr / 必要な

形 **Qu'il faut avoir ou qu'il faut faire.**

持たなければならない、またはしなければならない

≒ indispensable

副 nécessairement 必ず　女 nécessité 必要

例 Vos conseils nous sont **nécessaires**.

私たちにはあなたのアドバイスが必要です。

□□□ 427

nombreux, *se*

/ nɔ̃brø, -brøz / 多数の

形 **Formé de beaucoup d'éléments.**

多くの要素で構成される

男 nombre 数

例 Venez **nombreux**.

大勢でお越しください。

□□□ 428

départ / depar / 出発

男 ① **Le moment où une personne, un avion, un train, etc. s'en va.** 人や飛行機、電車などが立ち去る瞬間

⇔ arrivée

例 Je n'ai pas encore fixé la date de mon **départ**. 私はまだ出発の日取りを決めていない。

退職

② **Action de quitter un lieu ou une situation.** 場所や職を離れる行為

例 J'ai appris son **départ** aujourd'hui. 私は今日、彼の退職を知った。

□□□ 429

permettre / pɛrmɛtr / ～を許可する

他 ① **Donner le droit de faire quelque chose.** 何かを行う権利を与える

≒ autoriser; laisser

⇔ défendre; interdire

女 permission 許可

例 **Permettez**-moi de me présenter. 自己紹介させてください。

～を可能にする

② **Rendre quelque chose possible.** 何かを可能にする

⇔ empêcher

例 L'Internet **permet** des communications globales. インターネットはグローバルなコミュニケーションを可能にする。

□□□ 430

route / rut / 道路

女 ① **Voie de communication qui permet de circuler en dehors des villes.**

都市の外での通行を可能にする交通路

circuler (人・車などが)通行する

ⓘ routeが「都市間の道路」を表すのに対し、rueは「都市内の通り」を、boulevardは「都市内の大通り」を表す。

形 routi*er*, *ère* 道路の

例 La **route** est pleine de voitures ce soir.

今夜、道路は車でいっぱいだ。

(たどるべき)道、道筋

② **Direction à suivre.**

たどるべき方向

≒ chemin; itinéraire

例 Je me suis trompé de **route** en revenant de la conférence.

会議から帰る途中、私は道を間違えた。

431語

□□□ 431

paix / pɛ / 平和

女 ① **Situation d'un pays qui n'est pas en guerre.**

戦争中でない国の状況

例 Que le monde soit en **paix**.

世界が平和でありますように。

安らぎ

② **État de tranquillité, sans bruit et sans agitation.**

騒音や騒ぎのない、静かな状態

tranquillité 静けさ　**agitation** 騒ぎ

例 Il trouve la **paix** de l'âme dans la lecture.

彼は読書に心の平安を見出している。

□□□ 432

Internet

/ ɛ̃tɛrnɛt / インターネット

男 **Système de communication mondial qui permet de trouver des informations et d'envoyer des messages à l'aide d'un ordinateur.**

コンピュータを使い、情報を見つけたりメッセージを送ったりできるようにする世界的な通信システム

mondial, *e* 世界的な　**à l'aide de** ～を使って

ⓘ 省略形はNet。

例 Elle fait souvent des recherches sur **Internet**.

彼女はよくインターネットで調べものをする。

□□□ 433

chapeau

/ ʃapo / 帽子

男 **Vêtement qui protège la tête.**

頭部を保護する衣類

ⓘ 複数形はchapeaux。

例 Ce **chapeau** te va bien.

その帽子は君によく似合っているよ。

□□□ 434

collègue

/ kɔlɛg / 同僚

名 **Personne qui a le même métier qu'une autre, qui travaille au même endroit.**

同じ場所で働く、他の人と同じ仕事を持つ人

例 Patrice a pris son déjeuner avec ses **collègues**.

パトリスは同僚たちとランチを食べた。

□□□ 435

scène

/ sɛn / 場面、シーン

女 **Partie d'une pièce de théâtre ou d'un film.**

劇や映画の一部分

ⓘ 「舞台」という意味もある。

例 Quelles sont vos **scènes** favorites dans ce film ?

この映画で一番好きなシーンは何ですか。

□□□ 436

garder
/ garde / ～を取っておく

他 ① Conserver quelque chose, ne pas s'en séparer.
何かを保管し、手放さない

⇔ se débarrasser de; jeter

女 garde 管理、保管

例 Tu peux **garder** ces cahiers.
これらのノートは君が持っていていいよ。

～の世話をする

② Prendre soin de quelqu'un ou d'un animal.
人または動物の面倒を見る

prendre soin de ～の世話をする

≒ surveiller

例 Pouvez-vous **garder** mon chien pendant mon absence?
留守にする間、私の犬の世話をしてもらえますか。

□□□ 437

pièce
/ pjɛs / かけら

女 ① Élément d'un ensemble.
全体の要素

ⓘ 〈une pièce de＋無冠詞名詞〉は「1個の～、1片の～」という意味の頻出表現。

例 Une **pièce** manque à ce puzzle.
このパズルには一つのピースが足りない。

部屋

② Partie d'habitation qui est entourée de cloisons.
仕切りに囲まれた住居の一部

cloison 仕切り、パーティション

例 Cette maison a sept **pièces**.
この家には7つの部屋がある。

□□□ 438

douche / duʃ / シャワー

女 **Un jet d'eau qui mouille tout le corps.** 全身をぬらす水の噴射

jet 噴出、噴射　**mouiller** ～をぬらす

他 doucher ～にシャワーを浴びさせる

例 Il a pris une **douche** en rentrant chez lui. 彼は帰宅するとシャワーを浴びた。

□□□ 439

champ / ʃɑ̃ / 畑

男 **Terrain où l'on cultive des fleurs, des légumes, des céréales, etc.** 花、野菜、穀物などを栽培する土地

例 Ma mère cultive des pommes de terre dans son **champ**. 母は畑でジャガイモを育てている。

□□□ 440

frais, *fraîche* / frɛ, frɛʃ / 新鮮な

形 ① **Qui a été récolté ou fabriqué depuis peu de temps.** 収穫されたまたは作られたばかりの

récolter ～を収穫する

⇔ avarié, *e*; pourri, *e*

例 Ce supermarché vend des légumes **frais**. そのスーパーでは新鮮な野菜を売っている。

涼しい、ひんやりした

② **Un peu froid.** 少し寒い

⇔ chaud, *e*; doux, *ce*; tiède

例 L'air de la montagne est **frais**. 山の空気はひんやりしている。

441
particulier, ère /partikylje, -ljɛr/ 独特の、特有の

形 **Distinct des autres.** 他のものと異なる

distinct, *e* 異なる、別の

副 particulièrement 特に

例 Elle a une façon **particulière** de parler. 彼女は独特の話し方をする。

442
finalement /finalmɑ̃/ 最後に、結局

副 **À la fin.** 終わりに

形 final, *e* 終わりの、最後の 女 fin 終わり

例 **Finalement**, le pont a été terminé. ついにその橋は完成した。

443
forêt /fɔrɛ/ 森林

女 **Ensemble des arbres qui couvrent une grande étendue de terrain.** 土地の広い領域を覆う一群の木

例 Il y a divers animaux dans la **forêt**. 森にはさまざまな動物がいる。

444
science /sjɑ̃s/ 科学

女 **Ensemble des connaissances établies après une observation rigoureuse, des expérimentations et une description méthodique et précise de la réalité.** 厳密な観察、実験、および現実の体系的かつ正確な記述のあとに確立された知識の総体

établir ～を打ち立てる、確立する rigoureux, *se* 厳密な
expérimentation 実験 description 記述
méthodique 体系的な、系統的な

形 scientifique 科学の

例 Récemment, de nombreuses étudiantes se sont intéressées aux **sciences**. 近ごろ、科学に興味を持つ女子学生は多い。

444語

□□□ 445

directeur, trice
/ dirɛktœr, -tris / （組織の）長、部長

名 Responsable d'une école, d'un magasin, d'une entreprise. 学校、店、会社の責任者

responsable 責任者 **entreprise** 会社

例 Aurélien est le **directeur** d'une usine automobile. オレリアンは自動車工場の工場長だ。

□□□ 446

léger, ère
/ leʒe, -ʒɛr / 軽い

形 Qui a peu de poids. 重さが少ない

⇔ lourd, *e*

副 légèrement 軽く

例 Cet ordinateur est **léger** et mince. このコンピュータは軽くて薄い。

□□□ 447

toilette
/ twalɛt / トイレ

女 Lieu public ou privé réservé aux besoins naturels. 生理的欲求のための、公共のまたは私的な場所

privé, *e* 私的な、プライベートな

≒ cabinet; lavabos; waters; W.-C.

ⓘ この意味では常に複数形で使う。faire sa toiletteで「身づくろいする、洗面をする」という意味。

例 Où sont les **toilettes**, s'il vous plaît? トイレはどこですか。

□□□ 448

dent
/ dɑ̃ / 歯

女 Ce qui sert à mâcher et croquer. 噛んだり噛み砕いたりするのに使われるもの

mâcher 噛む **croquer** 噛み砕く

例 J'ai mal aux **dents** depuis hier. 私は昨日から歯が痛い。

□□□ 449

boîte

/ bwat / 箱

女 **Objet avec un couvercle et qui peut contenir toutes sortes de choses.**

ふたのある、あらゆる種類のものを収納できるもの

例 Qu'est-ce qu'il y a dans cette grosse **boîte**?

その大きな箱の中には何が入っているのですか。

□□□ 450

rose

/ roz / バラ

女 **Fleur de couleurs variées dont la tige est couverte d'épines et qui peut être très parfumée.**

茎がとげで覆われ、とてもよい香りのものもある、さまざまな色の花

varié さまざまな　**épine** とげ

例 Il lui a offert un bouquet de **roses** pour son anniversaire.

彼は彼女の誕生日にバラの花束を贈った。

□□□ 451

suivre

/ sɥivr / ～についていく

他 ① **Aller derrière quelqu'un ou quelque chose.**

誰かあるいは何かの後ろを行く

⇔ précéder

形 suivant, *e* 次の、後に続く　女 suite 続き

例 Ce garçon **suit** sa mère partout où elle va.

その男の子は母親の行くところはどこにでもついていく。

〈授業など〉を受ける

② **Assister régulièrement à un cours.**

定期的に授業に出席する

régulièrement 定期的に

≒ prendre

例 Je **suis** des cours d'histoire de l'art ce semestre.

今学期は美術史の授業を受けている。

451語

□□□ 452

baguette

/ bagɛt / バゲット

女 ① **Pain long et mince.**

細長いパン

mince 細い

例 J'achète souvent des **baguettes** à cette boulangerie.

私はよくそのパン屋でバゲットを買う。

棒

② **Petit bâton.**

小さな棒

bâton 棒

ⓘ 複数形で「箸」という意味でも使われる。

例 Ma fille n'arrive pas encore à manger avec des **baguettes**.

娘はまだ箸を使って食べることができない。

□□□ 453

pratique

/ pratik / 便利な、役に立つ

形 **Facile à utiliser.**

使いやすい

≒ fonctionnel, *le*; maniable; commode

副 pratiquement 実際上　他 pratiquer ～を実行する、実践する

例 Ce plan est très **pratique**.

この市街図はとても便利だ。

□□□ 454

normal, *e*

/ nɔrmal / 通常の

形 **Qui n'a rien d'exceptionnel.**

例外的でない

exceptionnel, *le* 例外的な

≒ ordinaire　⇔ anormal, *e*

ⓘ 男性複数の場合は normaux。

副 normalement 普通は

例 La situation n'est plus **normale** dans son pays.

彼の国の状況はもはや正常ではない。

455

espace / ɛspas / 空き、スペース

男 ① **Étendue, volume, surface réservée à une activité.**

ある活動のために確保された広がり、容量、表面

例 Il n'y a pas assez d'**espace** pour un lit dans cette pièce.

この部屋にはベッドを置くのに十分なスペースがない。

宇宙

② **Etendue sans limite dans laquelle sont les astres.**

天体が存在する無限の広がり

例 Le voyage dans l'**espace** est déjà une réalité.

宇宙旅行はすでに現実のものだ。

456

relation / rəlasjɔ̃ / 関係

女 **Ce que les choses ou les personnes ont en commun et qui les relie.**

ものや人に共通し、それらを関連づけているもの

relier ～を結ぶ、関連づける

≒ rapport

形 relatif, *ve* 関係のある　副 relativement 比較的

例 J'ai un problème de **relations** humaines au travail.

私は職場での人間関係である問題を抱えている。

457

plage / plaʒ / 浜辺、岸辺

女 **Étendue de sable ou de galets au bord de la mer, au bord d'une rivière ou d'un lac.**

海、川、または湖のほとりの砂や小石の広がり

sable 砂　**galet** 小石

例 Il y avait peu de monde sur la **plage** ce matin.

今朝、浜辺には人はほとんどいなかった。

457語

□□□ 458

pleurer / plœre / 泣く

自 **Verser des larmes.** 涙をあふれさせる

verser ～をあふれさせる　**larme** 涙

男 pleur 涙

例 Elle **a pleuré** lors de son départ. 彼女は彼の出発の際に泣いた。

□□□ 459

pluie / plɥi / 雨

女 **Eau qui tombe des nuages sous forme de gouttes.** しずくの形で雲から落ちる水

goutte しずく

非 pleuvoir 雨が降る

例 Les **pluies** sont fréquentes dans cette région. この地方は雨がよく降る。

□□□ 460

boulanger, *ère* / bulɑ̃ʒe, -ʒɛr / パン職人

名 **Personne qui fabrique du pain et qui le vend.** パンを作って販売する人

女 boulangerie パン店

例 J'aime les croissants de ce **boulanger**. 私はこのパン職人のクロワッサンが好きだ。

□□□ 461

neige / nɛʒ / 雪

女 **Eau gelée qui tombe des nuages en flocons.** 雲から落ちる片状の凍った水

gelé, *e* 凍った　**flocon** 断片、小片

非 neiger 雪が降る

例 Il y a de la **neige** sur la montagne. 山には雪が積もっている。

□□□ 462

élégant, *e*

/ elegɑ̃, -gɑ̃t / 上品な、優雅な

形 **Qui a de la distinction dans son habillement ou la manière de se comporter.**

服装や振る舞いに気品がある

distinction 気品、洗練

≒ poli, *e*

女 élégance 優美　副 élégamment 優美に

例 Marie porte toujours des vêtements **élégants**.

マリーはいつも優雅な服装をしている。

□□□ 463

culture

/ kyltyr / 文化

女 ① **Ensemble des coutumes, des connaissances et des façons de penser propres à chaque pays, chaque groupe ethnique, etc.**

それぞれの国、民族などに特有の習慣、知識、考え方の総体

ethnique 民族の

例 Elle s'intéresse à la **culture** japonaise.

彼女は日本文化に興味がある。

教養

② **Ensemble des connaissances que l'on a.**

人が持っている知識の総体

例 Son père est un homme de **culture**.

彼の父は教養のある人だ。

□□□ 464

date

/ dat / 日付

女 **Indication du jour, du mois, de l'année.**

日、月、年を示すもの

indication 示すもの

他 dater ～に日付を書き入れる

例 Écrivez ici votre **date** et votre lieu de naissance.

ここに生年月日と出生地を書いてください。

464語

□□□ 465

port

/ pɔr / 港

男 **Lieu aménagé au bord de la mer ou d'un fleuve pour abriter les navires et permettre d'embarquer ou débarquer des marchandises ou des passagers.**

船舶を収容し、商品や乗客の乗降を可能にするための、海または川のほとりに整備された場所

aménager ～を整備する　**abriter** ～を収容する、保護する
navire 船　**embarquer** ～を乗船させる
débarquer 〈乗客・荷〉を降ろす　**passager** 乗客

例 Le bateau a quitté le **port**.　船は港を出た。

□□□ 466

jus

/ ʒy / 果汁；肉汁

男 **Liquide contenu dans un fruit, un légume, ou qui résulte de la cuisson d'une viande.**

果物、野菜に含まれる液体、または肉の調理から生じる液体

résulter ～から生じる　**cuisson** 調理

例 Cette pomme est pleine de **jus**.　このりんごは果汁たっぷりだ。

□□□ 467

continuer

/ kɔ̃tinɥe / ～を（そのまま）続ける

他 **Poursuivre ce que l'on est en train de faire.**

人がしていることを続ける

poursuivre ～を続ける　**être en train de** ＋*inf.* ～しつつある

女 continuation 連続　形 continu, *e* 続いている、連続した

例 J'espère que vous **continuerez** vos études en France.　あなたがフランスで勉学を続けられることを期待しています。

続く

自 **Ne pas s'arrêter.**

止まらない

⇔ cesser

例 Cette route **continue** jusqu'à la capitale.　この道は首都まで続いている。

□□□ 468

lune

/ lyn / 月

女 **Astre qui tourne autour de la Terre et qui est éclairé par le Soleil.**

地球の周りを回り、太陽に照らされる天体

éclairer ～を照らす

例 La **lune** s'est cachée derrière les nuages.

月は雲の後ろに隠れた。

□□□ 469

retourner

/ rəturne / 戻る、帰っていく

自 **Revenir à l'endroit d'où l'on est parti.**

出発したところに戻る

≒ rentrer

男 retour 帰ること

例 **Retournez**-vous au Japon pendant les vacances?

休暇中は日本に戻りますか。

□□□ 470

théâtre

/ teatr / 演劇

男 ① **Art qui consiste à dire le texte d'une œuvre littéraire devant un public et selon une mise en scène.**

観客の前で、演出に従って文学作品のせりふを言う芸術

consister à ～することに（本質が）ある
littéraire 文学の　**mise en scène** 演出

形 théâtral, *e* 演劇の

例 Je m'intéresse au **théâtre** du dix-septième siècle, surtout à Racine.

私は17世紀の演劇、特にラシーヌに興味がある。

劇場

② **Bâtiment où sont donnés des spectacles en public.**

観衆を前に出し物が行われる建物

例 Notre **théâtre** se spécialise dans les pièces modernes.

当劇場は現代劇を専門としています。

□□□ 471

occasion
/ ɔkazjɔ̃ / チャンス、機会

女 **Circonstance favorable qui se présente au bon moment.**

よいタイミングで生じる好ましい状況

circonstance 状況 **favorable** 好ましい

例 Je n'ai pas eu l'**occasion** de le voir.

私は彼に会う機会がなかった。

□□□ 472

note
/ nɔt / メモ

女 **Courte indication que l'on écrit pendant qu'on lit, qu'on écoute quelqu'un ou qu'on observe quelque chose.**

読んだり、誰かの話を聞いたり、何かを観察するときに書く短い情報

indication 情報 **observer** ～を観察する

例 N'oubliez pas de prendre des **notes**.

メモを取ることを忘れないでください。

□□□ 473

orange
/ ɔrɑ̃ʒ / オレンジ

男 **Fruit rond, d'une couleur entre le jaune et le rouge, qui a une chair juteuse et sucrée.**

果汁が多く甘い果肉を持つ、黄色と赤の間の色合いの丸い果実

例 Tu veux du jus d'**orange**?

オレンジジュースが欲しい?

□□□ 474

boutique
/ butik / (小さな)店

女 **Petit magasin.**

小さな店

例 Denise a ouvert une **boutique** charmante à Lyon.

ドゥニーズはリヨンに素敵な店を開いた。

□□□ 475

fête

/ fɛt / 祭り、祝日、祭日

女 ① Jour spécial où l'on se rassemble pour se souvenir d'un événement important ou heureux.

重要な出来事や幸せな出来事を思い出すために人が集まる特別な日

例 Le village a célébré la **fête** d'un saint.

村は聖人の祝日を祝った。

パーティー

② Réunion joyeuse de personnes à l'occasion d'un événement heureux.

うれしい出来事があったときに行われる、人々の陽気な集まり

réunion 集まり **joyeux, *se*** 楽しい、陽気な

例 Carole a organisé une **fête** à la maison le week-end dernier.

キャロルは先週末、家でパーティーを開いた。

477語

□□□ 476

avis

/ avi / 意見、見解

男 Ce que l'on pense de quelque chose.

人が何かについて考えること

例 Quel est votre **avis** sur ce problème?

この問題についてどう思いますか。

□□□ 477

peinture

/ pɛ̃tyr / 絵

女 Représentation d'un objet, d'un paysage ou d'un personnage imaginaire ou réel réalisée au moyen de couleurs délayées et étalées le plus souvent au pinceau.

溶かれ、多くの場合絵筆で塗り広げられた絵の具によって作られる、架空または現実の物体や風景、人物の表現

représentation 表現 **imaginaire** 架空の
au moyen de ～によって **délayer** ～を溶く
étaler ～を塗る、広げる **pinceau** 筆、絵筆

男 peintre 画家

例 Vous aimez la **peinture** italienne?

イタリア絵画は好きですか。

478

visite / vizit / 訪問

女 **Fait de se rendre chez une personne.** 人の家に赴く行為

他 visiter ～を訪問する 名 visiteur, *se* 訪問者

例 J'ai reçu sa première **visite** le mois dernier. 私は先月、彼の初めての訪問を受けた。

479

direction / dirɛksjɔ̃ / 方向

女 **Sens que l'on prend pour aller quelque part.** どこかに行くときに取る方角

例 La bibliothèque est à environ cinq minutes à pied dans cette **direction**. 図書館はこの方向に5分ほど歩いたところにある。

480

riche / riʃ / 金持ちの、裕福な

形 ① **Qui a beaucoup d'argent.** たくさんの金を持っている

≒ aisé, *e*; fortuné, *e*

⇔ pauvre; démuni, *e*

女 richesse 富、裕福さ

例 Il y a beaucoup de gens **riches** dans ce quartier. この界隈には金持ちがたくさんいる。

豊富な

② **Qui contient quelque chose en grande quantité.** 何かを大量に含む

quantité 量

例 Les pommes sont **riches** en vitamines. りんごはビタミンが豊富だ。

章末ボキャブラリーチェック

次の語義が表すフランス語の語句を答えてください

語義	解答	連番
❶ Ce qui sert à mâcher et croquer.	dent	448
❷ Ensemble des coutumes, des connaissances et des façons de penser propres à chaque pays, chaque groupe ethnique, etc.	culture	463
❸ Ce que l'on pense de quelque chose.	avis	476
❹ Aller derrière quelqu'un ou quelque chose.	suivre	451
❺ Qu'il faut avoir ou qu'il faut faire.	nécessaire	426
❻ Terrain où l'on cultive des fleurs, des légumes, des céréales, etc.	champ	439
❼ Poursuivre ce que l'on est en train de faire.	continuer	467
❽ Objet avec un couvercle et qui peut contenir toutes sortes de choses.	boîte	449
❾ Revenir à l'endroit d'où l'on est parti.	retourner	469
❿ Qui a beaucoup d'argent.	riche	480
⓫ Représentation d'un objet, d'un paysage ou d'un personnage imaginaire ou réel réalisée au moyen de couleurs délayées et étalées le plus souvent au pinceau.	peinture	477
⓬ Dire le nom d'une personne pour la faire connaître.	présenter	408
⓭ Étendue, volume, surface réservée à une activité.	espace	455
⓮ Graines d'une céréale des régions chaudes cultivée sur un sol inondé.	riz	402
⓯ À la fin.	finalement	442
⓰ Indication du jour, du mois, de l'année.	date	464
⓱ Qui a de la distinction dans son habillement ou la manière de se comporter.	élégant	462
⓲ Verser des larmes.	pleurer	458
⓳ Étendue de sable ou de galets au bord de la mer, au bord d'une rivière ou d'un lac.	plage	457
⓴ Situation d'un pays qui n'est pas en guerre.	paix	431

480語

語義	解答	連番
㉑ Fleur de couleurs variées dont la tige est couverte d'épines et qui peut être très parfumée.	rose	450
㉒ Élément d'un ensemble.	pièce	437
㉓ Qui a été récolté ou fabriqué depuis peu de temps.	frais	440
㉔ Connaissance dans une activité que l'on pratique depuis longtemps.	expérience	407
㉕ Ensemble des connaissances établies après une observation rigoureuse, des expérimentations et une description méthodique et précise de la réalité.	science	444
㉖ Courte indication que l'on écrit pendant qu'on lit, qu'on écoute quelqu'un ou qu'on observe quelque chose.	note	472
㉗ Lieu aménagé au bord de la mer ou d'un fleuve pour abriter les navires et permettre d'embarquer ou débarquer des marchandises ou des passagers.	port	465
㉘ Machine électronique obéissant à des programmes qui peut traiter très vite un grand nombre d'informations.	ordinateur	401
㉙ Personne qui a le même métier qu'une autre, qui travaille au même endroit.	collègue	434
㉚ Conserver quelque chose, ne pas s'en séparer.	garder	436
㉛ Qui n'a rien d'exceptionnel.	normal	454
㉜ Eau qui tombe des nuages sous forme de gouttes.	pluie	459
㉝ Cours d'eau qui rejoint un autre cours d'eau.	rivière	416
㉞ Personne qui fabrique du pain et qui le vend.	boulanger	460
㉟ Voie de communication qui permet de circuler en dehors des villes.	route	430
㊱ Donner une somme d'argent en échange d'une marchandise, d'un travail.	payer	406
㊲ Le moment où une personne, un avion, un train, etc. s'en va.	départ	428
㊳ Qui a la forme d'un cercle, d'un disque ou d'une boule.	rond	404
㊴ Établissement scolaire où les élèves vont de 15 à 18 ans.	lycée	424
㊵ Partie d'une pièce de théâtre ou d'un film.	scène	435

語義	解答	連番
㊶ Vêtement qui protège la tête.	chapeau	433
㊷ Donner le droit de faire quelque chose.	permettre	429
㊸ Masse de gouttelettes d'eau qui flottent dans le ciel.	nuage	403
㊹ Faire comprendre quelque chose avec des mots.	expliquer	423
㊺ Astre qui tourne autour de la Terre et qui est éclairé par le Soleil.	lune	468
㊻ Un jet d'eau qui mouille tout le corps.	douche	438
㊼ Formé de beaucoup d'éléments.	nombreux	427
㊽ Responsable d'une école, d'un magasin, d'une entreprise.	directeur	445
㊾ Jour spécial où l'on se rassemble pour se souvenir d'un événement important ou heureux.	fête	475
㊿ Ce que les choses ou les personnes ont en commun et qui les relie.	relation	456
51 Manière de s'habiller, de se coiffer, de vivre qui plaît à une certaine époque.	mode	411
52 Personne qui fait des achats dans un magasin.	client	420
53 Art qui consiste à dire le texte d'une œuvre littéraire devant un public et selon une mise en scène.	théâtre	470
54 Fils ou fille d'un oncle ou d'une tante.	cousin	405
55 Procédé qui permet de réaliser quelque chose.	moyen	418
56 Ensemble des arbres qui couvrent une grande étendue de terrain.	forêt	443
57 Qui a peu de poids.	léger	446
58 Liquide que l'on boit (thé, café, jus de fruit, soda, etc.).	boisson	417
59 Système de communication mondial qui permet de trouver des informations et d'envoyer des messages à l'aide d'un ordinateur.	Internet	432
60 Penser que quelque chose que l'on désire va se produire.	espérer	421
61 Fruit rond, d'une couleur entre le jaune et le rouge, qui a une chair juteuse et sucrée.	orange	473
62 Lieu public ou privé réservé aux besoins naturels.	toilette	447

語義	解答	連番
(63) Vêtement long à manches longues, boutonné devant, que l'on porte pour sortir.	manteau	413
(64) Liquide contenu dans un fruit, un légume, ou qui résulte de la cuisson d'une viande.	jus	466
(65) Circonstance favorable qui se présente au bon moment.	occasion	471
(66) Mouvement naturel de l'air, plus ou moins violent.	vent	409
(67) Recevoir de l'argent pour un travail.	gagner	419
(68) Eau gelée qui tombe des nuages en flocons.	neige	461
(69) Distinct des autres.	particulier	441
(70) Moment particulier de l'histoire.	époque	415
(71) Sens que l'on prend pour aller quelque part.	direction	479
(72) Matière dure, transparente ou colorée, qui est fragile et peut être rayée ou cassée.	verre	425
(73) Fait de se rendre chez une personne.	visite	478
(74) Garder quelque chose à la main ou dans ses mains ou ses bras.	tenir	412
(75) Pain long et mince.	baguette	452
(76) Petit magasin.	boutique	474
(77) Livre qui présente les mots dans l'ordre alphabétique.	dictionnaire	414
(78) Travail régulier que l'on fait pour obtenir l'argent nécessaire pour vivre.	profession	410
(79) Faire en sorte que quelqu'un se souvienne de quelque chose.	rappeler	422
(80) Facile à utiliser.	pratique	453

Étape 7

Il faut semer qui veut moissonner.
刈り入れるためには種をまかなければならない。

□□□ 481

boulevard

/ bulvar / 大通り

男 **Rue très large.**

とても広い通り

例 Le musée se trouve sur ce **boulevard**.

美術館はこの大通り沿いにある。

□□□ 482

endroit

/ ɑ̃drwa / 場所

男 **Lieu déterminé, partie d'une chose ou du corps.**

特定の場所、ものまたは体の一部

déterminé, *e* 決まった、特定の

例 Depuis un an, Morgane cherche un **endroit** pour construire une maison.

モルガンは1年前から、家を建てる場所を探している。

□□□ 483

pousser

/ puse / ～を押す

他 **Appuyer quelque chose devant soi ou la déplacer avec un effort.**

力をかけて何かを前方に押す、あるいは移動させる

≒ bousculer

⇔ tirer

ⓘ「〈植物・ひげなどが〉生える、成長する」という意味もある。

例 Nous **avons poussé** la voiture ensemble.

私たちは車を一緒に押した。

□□□

roman

/ rɔmɑ̃ / 小説

男 **Œuvre écrite qui raconte une histoire imaginée par l'auteur.**

作者が想像した物語を叙述する著作物

raconter ～を語る、叙述する

例 Elle aime lire des **romans** très longs.

彼女はとても長い小説を読むのが好きだ。

□□□ 485

goût

/ gu / 味

男 **Saveur d'un aliment.**

食べ物の風味

saveur 風味、味

他 goûter ～を味わう

例 Les plats de ma grand-mère ont très bon **goût**.

祖母の料理はとてもおいしい。

□□□ 486

respect

/ rɛspɛ / 尊敬、敬意

男 **Comportement poli que l'on a avec une personne en raison de sa valeur, de son âge, de ses connaissances.**

人の価値、年齢、知識のためにその人に対して行う礼儀正しい行動

comportement 行動

他 respecter ～を尊敬する；尊重する 形 respectable 尊敬すべき

例 Ne manquez pas de **respect** à vos professeurs.

先生方への敬意を欠かさないようにしなさい。

□□□ 487

lendemain

/ lɑ̃dmɛ̃ / 翌日

男 **Le jour suivant.**

次の日

例 J'ai eu mal à la tête le **lendemain** de la fête.

パーティーの翌日、私は頭が痛かった。

□□□ 488

créer

/ kree / ～を創造する

他 **Fabriquer, élaborer quelque chose qui n'existait pas avant.**

以前には存在しなかった何かを製造し、作り上げる

≒ fonder

女 création 創造 名 *créateur, trice* 創造者

例 Ils **ont créé** cette société il y a 10 ans.

彼らはこの会社を10年前に設立した。

□□□ 489

avenir / avnir / 未来

男 ① **Ce qui va arriver, le temps qui viendra après le temps présent.** これから生じること、現在のあとに来る時間

≒ futur

⇔ passé

例 Voulez-vous connaître l'**avenir**? あなたは未来を知りたいですか。

将来、前途

② **Conditions de vie futures.** 未来の境遇

例 Il est toujours inquiet pour son **avenir**. 彼はいつも自分の将来について心配している。

□□□ 490

traverser / travɛrse / ～を横切る

他 **Passer d'un côté à l'autre, passer de l'autre côté.** 片側からもう片側に行く、反対側に行く

女 traversée 横断

例 Nous **avons traversé** la rivière en bateau. 私たちはボートで川を渡った。

□□□ 491

visage / vizaʒ / 顔

男 **Partie avant de la tête d'une personne, composée du front, des yeux, du nez, de la bouche et du menton.** 額、目、鼻、口、あごで構成される、人の頭部の前の部分

composer ～を構成する　front 額　menton あご

例 Je cherche une bonne crème pour le **visage**. 私はいいフェイスクリームを探している。

□□□ 492

origine

/ ɔriʒin / 生まれ、出身

女 ① Endroit ou milieu d'où quelqu'un est issu.

誰かがそこから出た場所または環境

形 original, *e* もとの、最初の

例 Elle est d'**origine** italienne.

彼女はイタリア出身だ。

起源

② Point de départ de quelque chose.

何かの出発点

≒ commencement

例 Vous connaissez l'**origine** de ce mot?

この言葉の由来を知っていますか。

493語

□□□ 493

assister

/ asiste / 出席する、見にいく

自 Être présent à un spectacle ou un événement.

ショーやイベントに参加する

présent, *e* 出席している

女 assistance 出席者；援助

例 Mathieu **assistera** au concert demain soir.

マチウは明日の夜コンサートを聞きにいく。

〜を補佐する

他 Aider quelqu'un.

誰かを助ける

≒ seconder

例 Elle **assiste** un professeur à l'université.

彼女は大学で教授の補佐をしている。

□□□ 494

papier

/ papje / 紙

男 ① **Matière fabriquée à partir de végétaux réduits en pâte et séchés dont les usages sont multiples (écrire, envelopper, sécher, décorer, etc.).**

（書く、包む、乾かす、飾るといった）さまざまな用途に使われる、ペースト状にしてから乾燥させた植物で作られた物質

réduire A en B AをBに（細かく）する　**pâte** ペースト
multiple 多数の、さまざまな　**décorer** 飾る

例 Donne-moi du **papier** blanc.

私に白い紙をちょうだい。

身分証明書

② **Documents prouvant l'identité d'une personne.**

個人の身元を証明する文書

document 文書　**identité** 身元

ⓘ この意味では複数形で使う。

例 Il a montré ses **papiers** au policier.

彼は警官に身分証明書を提示した。

□□□ 495

parent, *e*

/ parɑ̃, -rɑ̃t / 親、親類

名 **Le père, la mère, ou personne avec laquelle on a un lien de famille.**

父親、母親または親せき関係を持っている人

例 Elle habite chez ses **parents**.

彼女は両親と一緒に住んでいる。

□□□ 496

bouteille

/ butɛj / びん、ボトル

女 **Récipient en verre ou en plastique qui a un goulot et qui contient un liquide.**

首のある、液体を入れるガラスまたはプラスチックの容器

goulot 首

例 J'ai acheté deux **bouteilles** de vin rouge au magasin.

私は店で赤ワインを2本買った。

□□□ 497

sortie

/ sɔrti / 出口

女 **Endroit par où l'on passe pour quitter le lieu où l'on est.**

現在いる場所を離れるために通過する場所

⇔ entrée

自 sortir 出る、外出する

例 Je ne trouve pas la **sortie** de ce musée.

私にはこの美術館の出口が見つからない。

□□□ 498

toucher

/ tuʃe / ～にさわる、触れる

他 **Mettre la main sur quelqu'un ou sur quelque chose.**

手を誰かあるいは何かに置く

例 Ne **touche** pas mes affaires.

私のものに触れないで。

□□□ 499

usine

/ yzin / 工場

女 **Établissement industriel où l'on fabrique des véhicules, des aliments, des vêtements, etc. avec des machines.**

機械で乗り物、食品、衣類などを作る産業施設

industriel, *le* 産業の、工業の

例 Notre **usine** fabrique des pièces de voiture.

私たちの工場は自動車の部品を製造している。

□□□ 500

membre

/ mɑ̃br / メンバー

男 **Personne qui fait partie d'un groupe ou d'une association.**

グループや協会の一部をなす人

例 Il est **membre** de notre club de cérémonie du thé.

彼は私たちの茶道部の部員だ。

□□□ 501

police

/ pɔlis / 警察

女 **Ensemble des services et des personnes qui font respecter les lois et s'occupent de la sécurité de la population.**

法を遵守させ、住民の安全に従事する業務と人員の総体

respecter 尊敬　**sécurité** 安全　**population** 住民、国民

例 La **police** a arrêté le politicien.　警察はその政治家を逮捕した。

□□□ 502

œil

/ œj / 目

男 **Organe qui permet de voir.**

見ることを可能にする器官

organe 器官

ⓘ 複数形はyeux。

例 Elle a levé les **yeux** pour me regarder.　彼女は目を上げて私を見た。

□□□ 503

par hasard

/ par azar / 偶然に、たまたま

熟 **De manière imprévue.**

予想外の仕方で

imprévu, ***e*** 予想外の、意外な

例 J'ai découvert ce livre **par hasard**.　私は偶然、この本を見つけた。

□□□ 504

camarade

/ kamarad / 仲間、同僚

名 **Une personne avec laquelle on partage une activité et que l'on aime bien.**

人が活動を共にし、好んでいる人物

≒ ami, *e*

女 camaraderie 友人関係

例 Elle est allée à Disneyland avec ses **camarades** de classe hier.　彼女は昨日、同級生とディズニーランドに行った。

505

cheval

/ ʃəval / 馬

男 **Grand animal domestique qui a une crinière et de longues pattes, qui court très bien et peut porter une charge sur son dos.**

たてがみと長い脚を持ち、とてもよく走り、背中に荷物を載せて運ぶことのできる大型の家畜

domestique 飼いならされた　**crinière** たてがみ　**charge** 荷物

ⓘ 複数形はchevaux。

男 chevalier 騎士

例 On peut monter un **cheval** dans ce parc.

この公園では馬に乗ることができる。

506

portable

/ pɔrtabl / 携帯用の

形 **Qui peut être porté facilement.**

容易に持ち運びできる

≒ portatif, *ve*

例 Donne-moi ton numéro de téléphone **portable**.

君の携帯電話の番号を教えて。

507

condition

/ kɔ̃disjɔ̃ / 状況、環境

女 ① **Situation sociale, rang dans la société.**

社会的状況、社会的地位

social, *e* 社会の、社会的な　**rang** ランク、地位

例 Cette fille n'est pas de **condition** modeste.

この少女は貧しい家庭の出身ではない。

条件

② **Ce qui est nécessaire pour qu'une chose arrive.**

物事が起こるために必要なこと

形 conditionnel, *le* 条件つきの

例 Je ne veux pas travailler dans de si mauvaises **conditions**.

こんな悪い条件では働きたくない。

□□□ 508

copain, *copine*

/ kɔpɛ̃, kɔpin / （仲のよい）友だち

名 **Camarade que l'on aime bien.**

大好きな友だち

ⓘ copainは「ボーイフレンド、彼氏」、copineは「ガールフレンド、彼女」の意味でも使われる。

例 Je vais dîner avec ma **copine** ce soir.

今晩はガールフレンドと夕食を食べる予定だ。

□□□ 509

guitare

/ gitar / ギター

女 **Instrument de musique qui a le plus souvent six cordes que l'on pince.**

ほとんどの場合弾く弦が6本ある楽器

pincer ～を弾く、つま弾く

ⓘ「ギタリスト」はguitaristeと言う。

例 Ma sœur sait jouer de la **guitare**.

妹はギターを弾くことができる。

□□□ 510

paquet

/ pakɛ / 小包

男 ① **Objet enveloppé dans un emballage.**

包装用品で包まれたもの

emballage 包装用品

≒ colis

例 Mes parents m'envoient souvent des **paquets**.

両親はよく私に小包を送ってくれる。

包装された商品

② **Marchandise vendue dans un emballage.**

包装されて販売されている商品

例 Mon père fumait deux **paquets** de cigarette par jour.

父は1日にタバコを2箱吸っていた。

511
confiance
/ kɔ̃fjɑ̃s / 信頼、信用

女 **Certitude qu'une personne ne va pas nous tromper.**
ある人物が私たちをだまさないという確信

certitude 確信　tromper ～をだます

⇔ méfiance; défiance

形 confiant, *e* 信用している

例 Il a **confiance** en ses élèves.
彼は自分の生徒たちを信頼している。

512
résultat
/ rezylta / 結果

男 **Ce que l'on obtient après un calcul, une recherche, une action.**
計算、研究、行動のあとに得られるもの

recherche 研究

自 résulter 結果として起こる、生じる

例 Ses parents étaient contents de son **résultat** à l'examen.
両親は彼の試験の結果に満足していた。

513
médicament
/ medikamɑ̃ / 薬

男 **Produit vendu en pharmacie qui permet de soigner un malade.**
病人を治療できる、薬局で販売されている製品

例 Prenez des **médicaments** contre le rhume.
風邪薬を飲みなさい。

514
crayon
/ krɛjɔ̃ / 鉛筆

男 **Petit bâton de bois qui contient une mine et qui sert à écrire ou colorier.**
ものを書いたり色を塗ったりするのに使う、芯の入った小さな木の棒

colorier 着色する

例 Prêtez-moi un **crayon**, s'il vous plait.
鉛筆を貸してください。

□□□ 515

complètement / kɔ̃plɛtmɑ̃ / 完全に

副 **Sans restriction, sans manque.** 制限なしで、何も欠けずに

restriction 制限 **manque** 不足

≒ entièrement; totalement

形 complet, ète 完全な 他 compléter ～を完全なものにする

例 J'avais **complètement** oublié le rendez-vous avec Sylvie. 私はシルヴィーと会う約束を完全に忘れていた。

□□□ 516

association / asɔsjasjɔ̃ / 協会

女 **Groupe de personnes qui font une activité ensemble.** 一緒に活動する人々のグループ

他 associer ～を参加させる

例 Il est membre de l'**association**. 彼はその協会の一員だ。

□□□ 517

rêve / rɛv / 夢

男 ① **Suite d'images qui se forment dans l'esprit quand on dort.** 眠っているときに心の中に形成される一続きの画像

自 rêver 夢を見る

例 Fais de beaux **rêves**! よい夢を見てね!

将来の夢

② **Idée que l'on désire vivement voir se réaliser.** 人が実現されるのを目にしたいと痛切に望む考え

vivement 痛切に

例 Son **rêve** est de travailler dans une organisation internationale. 彼女の夢は国際機関で働くことだ。

518

salade　/ salad /　サラダ

女 **Mélange d'aliments (légumes, viandes, fruits) crus ou cuits servis avec une sauce vinaigrette le plus souvent.**

ふつうドレッシングとともに供される、生または加熱した食品（野菜、肉、果物）の混合物

vinaigrette ドレッシング

例 Il ne mange que de la **salade** le soir.　彼は夜にサラダしか食べない。

519

feuille　/ fœj /　葉

女 ① **Partie verte et plate qui pousse sur les tiges des plantes et sur les branches des arbres.**

植物の茎や木の枝に生える緑色の平らな部分

例 Les **feuilles** d'automne de Kyoto sont magnifiques.　京都の紅葉は素晴らしい。

（一枚の）紙

② **Morceau de papier que l'on utilise pour écrire, dessiner ou peindre.**

ものを書いたり、ペンで描いたり、絵の具で描いたりするのに使う一枚の紙

peindre 絵の具で描く

例 Pouvez-vous me donner des **feuilles** de papier?　紙を何枚かいただけますか。

520

pauvre　/ povr /　貧しい

形 **Qui n'a pas assez d'argent pour manger, se loger, vivre.**

食べたり、住んだり、生活したりするのに十分な金がない

se loger （短期間）住む、泊まる

≒ démuni, *e*

⇔ aisé, *e*; riche

女 pauvreté 貧乏、貧しさ

例 Il est trop **pauvre** pour acheter un vélo.　彼は貧しすぎて自転車を買うことができない。

520語

521

succès / syksɛ / 成功

男 **Bon résultat obtenu par quelqu'un.**

誰かによって得られるよい結果

≒ réussite

⇔ échec

例 Cet opéra a eu un grand **succès**.

このオペラは大成功だった。

522

enfance / ɑ̃fɑ̃s / 子ども時代

女 **Période de la vie depuis la naissance jusqu'à l'adolescence.**

誕生から思春期になるまでの人生の期間

例 Il joue du piano depuis son **enfance**.

彼は子どものころからピアノを弾いている。

523

frigo / frigo / 冷蔵庫

男 **Appareil ménager qui produit du froid et permet de conserver les aliments.**

冷気を発生させ、食品を保存できる家庭用品

ménag*er*, *ère* 家事の、家庭の

≒ réfrigérateur

ⓘ frigidaire（冷蔵庫）の略語。

例 Il n'y a que de l'alcool dans son **frigo**.

彼の冷蔵庫の中にはアルコールしか入っていない。

524

touriste / turist / 観光客

名 **Personne qui voyage pour le plaisir et visite un pays, une région ou une ville.**

楽しみのために旅行し、国や地域、都市を訪れる人

voyager 旅行する

男 tour 一周、周遊旅行　形 touristique 観光の

例 Nous avons beaucoup moins de **touristes** cette année à cause du virus.

今年はウイルスのせいで観光客が大幅に減っている。

□□□ 525

tarte

/ tart / タルト

女 **Pâtisserie sucrée ou salée faite d'une pâte étalée dans un moule et couverte de fruits ou de légumes et cuite au four.**

生地を型に広げ、果物や野菜で覆い、オーブンで焼いた、甘いまたは塩けのあるケーキ

moule 型、鋳型　**cuit, *e*** 焼いた、焼けた

例 Victor sait faire de bonnes **tartes** aux pommes.

ヴィクトールはおいしいりんごのタルトが焼ける。

□□□ 526

chaussure

/ ʃosyr / 靴

女 **Ce qui protège les pieds quand on marche.**

歩くとき足を保護するもの

≒ soulier

例 Je cherche de nouvelles **chaussures** de course.

私は新しいランニングシューズを探している。

□□□ 527

découvrir

/ dekuvrir / ～を発見する

他 **Trouver ce qui était inconnu ou caché.**

未知のものや隠されていたものを見つける

形 découvert, *e* 発見された　女 découverte 発見

例 Le biologiste **a découvert** de nouvelles espèces de poissons.

その生物学者は新種の魚を発見した。

□□□ 528

couper

/ kupe / ～を切る

他 **Séparer quelque chose en morceaux.**

何かを断片に分ける

女 coupe 切ること

例 Elle **a coupé** le pain en deux.

彼女はパンを2つに切った。

528語

□□□ 529

lecture

/ lɛktyr / 読書

女 Action de lire, de déchiffrer un texte en silence ou à haute voix.

黙ってまたは声を出して文章を読み、解読する行為

déchiffrer ～を解読する

名 lec*teur*, *trice* 読者

例 J'aime la **lecture** depuis mon enfance.

私は子どものころから読書が好きだ。

□□□ 530

rapide

/ rapid / 素早い、速い

形 Qui se déplace ou s'accomplit en peu de temps.

わずかな時間で移動したり、実現したりする

s'accomplir 実現する

⇔ lent, *e*

副 rapidement 速く　女 rapidité 速さ

例 Sa voiture est plus **rapide** que la mienne.

彼の車は私の車より速い。

□□□ 531

sérieux, *se*

/ serjø, -rjøz / まじめな

形 ① Qui fait son travail avec soin, qui mérite la confiance.

注意深く仕事をする、信頼に値する

mériter ～に値する

副 sérieusement まじめに、真剣に

例 Mon père est trop **sérieux**.

私の父はまじめすぎる。

深刻な

② Qui est grave, qui peut présenter un danger.

重大である、危険をもたらす可能性がある

例 Ce malade est dans un état **sérieux**.

この病人は深刻な状態にある。

□□□ 532

entier, ère

/ ɑ̃tje, -tjɛr / 全体の

形 **Où il ne manque rien.**

何も欠けていない

副 entièrement まったく、完全に

例 L'île est connue dans le monde **entier** pour sa beauté.

その島はその美しさで世界中に知られている。

□□□ 533

métier

/ metje / 職業

男 **Travail que l'on fait pour vivre et pour lequel on a reçu un enseignement ou suivi une formation.**

生活のために行い、そのために教育や訓練を受けた仕事

formation 養成、訓練

例 Dans son **métier**, il fait ce qu'il aime faire.

彼は仕事でしたいことをしている。

□□□ 534

terminer

/ tɛrmine / 〜を終える

他 **Faire quelque chose jusqu'à la fin, aller au bout d'une activité.**

何かを最後までする、活動を最後までやる

≒ achever; finir

⇔ commencer

形 terminal, *e* 最終の

例 Ma fille vient de **terminer** ses études cette année.

私の娘は今年、学業を終えたばかりだ。

se terminer

/ sə tɛrmine / 終わる、終了する

代動 **Arriver à la fin.**

終わりに達する

≒ s'achever; finir

⇔ commencer; débuter

例 Le concert **se termine** à neuf heures.

コンサートは9時に終了する。

□□□ 535

station

/ stasjɔ̃ / タクシー乗り場、バス停、(地下鉄の)駅

女 **Endroit où s'arrêtent les taxis, les autobus, les métros.**

タクシー、バス、地下鉄が停車する場所

ⓘ「(鉄道の)駅」はgareと言う。

例 La **station** de taxis est proche de la gare.

タクシー乗り場は駅の近くにある。

□□□ 536

volontiers

/ vɔlɔ̃tje / 喜んで、快く

副 **Avec plaisir.**

喜んで

⇔ à contrecœur

例 Il vous aidera **volontiers** si vous le lui demandez.

彼に頼めば、喜んであなたを助けてくれるでしょう。

□□□ 537

poser

/ poze / 〜を置く

他 ① **Mettre un objet quelque part, ne plus le tenir.**

ものをどこかに置き、もはや保持しない

≒ placer

例 Il **a posé** sa main sur mon épaule.

彼は私の肩に手を置いた。

〈質問〉をする

② **《poser une question》 Demander quelque chose à quelqu'un.**

誰かに何かを問う

≒ interroger

例 Pourrais-je vous **poser** une question?

あなたに質問してもいいですか。

538

pont / pɔ̃ / 橋

男 **Construction qui permet de passer au-dessus d'un cours d'eau, d'une route ou d'une voie ferrée.**

河川や道、鉄道の上を通過することを可能にする建造物

voie ferrée 鉄道（の軌道）

例 Il n'y a pas de **pont** sur cette rivière,

この川には橋がかかっていない。

539

dos / do / 背中

男 **Partie du corps qui va des épaules aux reins.**

肩から腰に至る体の部分

rein 腰

例 Elle est montée sur le **dos** du cheval.

彼女は馬の背にまたがった。

540語

540

répéter / repete / ～を繰り返して言う

他 ① **Dire quelque chose une nouvelle fois.**

もう一度何かを言う

≒ redire

女 répétition 繰り返し、反復

例 **Répétez** cette phrase encore une fois, s'il vous plaît.

この文をもう一度言ってください。

～を繰り返す

② **Faire plusieurs fois une même chose.**

何度も同じことをする

≒ renouveler

例 Il a fallu **répéter** 10 fois cette expérience.

この実験を10回繰り返さなければならなかった。

□□□ 541

absolument / apsɔlymɑ̃ / 絶対に、どうしても

副 **D'une manière totale, quoi qu'il arrive, quoi qu'il en coûte.**
全体的に、何が起きても、どんな犠牲を払っても

形 absolu, *e* 絶対的な

例 Je veux **absolument** le voir. 私はどうしても彼に会いたい。

□□□ 542

célèbre / selɛbr / 名高い

形 **Que tout le monde connaît.**
誰もが知っている

≒ fameux, *se*; illustre; renommé, *e*

⇔ inconnu, *e*

女 célébrité 名声

例 Cette ville est **célèbre** pour ses vieilles églises. この町は古い教会で有名だ。

□□□ 543

valoir / valwar / ～の値打ちがある

自 **Avoir un certain prix.**
ある価格を有する

≒ coûter; égaler; équivaloir à

女 valeur 価値

例 Cette robe de soirée **vaut** mille euros. このイブニングドレスは1,000ユーロする。

□□□ 544

auteur / otœr / 作者、作家

男 **Créateur d'une œuvre artistique.**
ある芸術作品を作った人

créateur 創作家、クリエイター **artistique** 芸術の、芸術的な

例 Qui est l'**auteur** de ce roman? この小説の作者は誰ですか。

□□□ 545

œuvre

/ œvr / 作品

女 **Création d'un artiste: musique, livre, film, peinture, etc.**

音楽、本、映画、絵画などのアーティストの創作物

例 Marc collectionne des **œuvres** de ce peintre.

マルクはこの画家の作品を集めている。

□□□ 546

beurre

/ bœr / バター

男 **Matière grasse jaune que l'on obtient en battant la crème du lait.**

牛乳のクリームを攪拌（かくはん）して得られる黄色い油脂

gras, *se* 脂肪質の　battre ～をかき混ぜる、攪拌する

例 Voulez-vous mettre du **beurre** sur le pain?

パンにバターを塗りますか。

□□□ 547

joie

/ ʒwa / 喜び

女 **Émotion que l'on ressent quand on est très heureux.**

とても幸せなときに感じる感情

≒ bonheur; enthousiasme

⇔ peine; indifférence; tristesse

形 joyeux, *se* うれしい、楽しい

例 Quelle **joie** de vous revoir!

またお会いできてうれしいです!

□□□ 548

bouche

/ buʃ / 口

女 **Ouverture dans le bas du visage, bordée par les lèvres.**

唇で縁取られた、顔の下部にある開口部

border ～を縁取る　lèvre 唇

例 Ne parlez pas la **bouche** pleine.

口にものを入れたまましゃべってはいけません。

□□□ 549

radio

/ radjo / ラジオ(放送)

女 Communication à usage public qui comporte des programmes sonores.

音声番組からなる公共向け通信

comporter ～を含む　sonore 音の

例 J'écoute souvent la **radio** en conduisant.

私は運転中によくラジオを聞く。

□□□ 550

réparer

/ repare / ～を修理する

他 Remettre en bon état ce qui a été cassé ou abîmé.

壊れたものや損傷したものを正常な状態に戻す

abîmer ～を傷つける、破損する

≒ arranger

女 réparation 修理

例 J'ai réussi à **réparer** ma voiture.

私は自分の車を修理できた。

□□□ 551

environnement

/ ɑ̃virɔnmɑ̃ / 環境

男 Ce qui est tout autour de nous.

私たちの周囲にあるもの

例 La protection de l'**environnement** est la question la plus importante de toutes.

環境保護は何よりも大切な問題だ。

□□□ 552

agréable

/ agreabl / 心地よい

形 Qui plaît.

満足させる

≒ plaisant, *e*

⇔ ennuyeux, *se*

副 agréablement 心地よく

例 Il est très **agréable** de s'asseoir sur cette chaise.

このいすはとても座り心地がいい。

553

séjour / seʒur / 滞在（期間）

男 **Temps assez long que l'on passe en dehors de chez soi.**
家から離れて過ごす、長めの時間

自 séjourner 滞在する

例 Il a fait un long **séjour** dans ce pays. 彼はその国に長く滞在した。

554

utile / ytil / 役に立つ、有用な

形 **Dont on peut se servir, qui aide à obtenir le résultat souhaité.**
使える、望む結果を得る助けとなる

⇔ inutile

女 utilisation 使用、利用 女 utilité 有用性

例 Ce guide est très **utile** pour les touristes. このガイドブックは観光客にとても有用だ。

555

numéro / nymero / 番号

男 **Nombre qui sert à classer.**
分類に使われる数字

例 Votre **numéro** de téléphone, s'il vous plaît. あなたの電話番号を教えてください。

556

s'amuser / samyze / 楽しむ

代動 **Jouer, passer le temps agréablement.**
遊ぶ、楽しく時間を過ごす

agréablement 気持ちよく、楽しく

ⓘ amuserは「～を楽しませる」という意味の他動詞。

男 amusement 楽しみ

例 Ils **se sont amusés** à la fête de Noël. 彼らはクリスマスパーティーを楽しんだ。

□□□ 557

peau

/ po / 皮膚、肌

女 **Enveloppe extérieure du corps et de certains fruits ou légumes.**

身体およびある種の果物や野菜の外側を包むもの

ⓘ 複数形は peaux。

例 Cette crème protège la **peau** du soleil.

このクリームは太陽から肌を守る。

□□□ 558

paysage

/ peizaʒ / 景色、光景

男 **Espace qu'on peut voir autour de soi avec sa végétation, son relief, ses cours d'eau, ses habitations.**

植生、地形、川、住居などと共に人の周囲に見える空間

végétation 植生

≒ panorama; vue

例 Les beaux **paysages** de cette région me fascinent.

この地域の美しい風景は私を魅了する。

□□□ 559

biscuit

/ biskɥi / ビスケット

男 **Petit gâteau sec.**

乾燥した小さな菓子

sec, *sèche* 乾いた、乾燥した

例 Ma mère fait souvent des **biscuits** le week-end.

母は週末によくビスケットを作る。

□□□ 560

parfait, *e*

/ parfɛ, -fɛt / 完ぺきな

形 **Qui est sans défaut.**

欠陥のない

≒ impeccable; irréprochable

副 parfaitement 完全に

例 Son français est **parfait**.

彼のフランス語は完ぺきだ。

章末ボキャブラリーチェック

次の語義が表すフランス語の語句を答えてください

語義	解答	連番
❶ Endroit par où l'on passe pour quitter le lieu où l'on est.	sortie	497
❷ Où il ne manque rien.	entier	532
❸ Lieu déterminé, partie d'une chose ou du corps.	endroit	482
❹ Qui est sans défaut.	parfait	560
❺ Le jour suivant.	lendemain	487
❻ Nombre qui sert à classer.	numéro	555
❼ Construction qui permet de passer au-dessus d'un cours d'eau, d'une route ou d'une voie ferrée.	pont	538
❽ Avec plaisir.	volontiers	536
❾ Ce que l'on obtient après un calcul, une recherche, une action.	résultat	512
❿ Mettre la main sur quelqu'un ou sur quelque chose.	toucher	498
⓫ Situation sociale, rang dans la société.	condition	507
⓬ Appuyer quelque chose devant soi ou la déplacer avec un effort.	pousser	483
⓭ Mettre un objet quelque part, ne plus le tenir.	poser	537
⓮ Œuvre écrite qui raconte une histoire imaginée par l'auteur.	roman	484
⓯ Qui fait son travail avec soin, qui mérite la confiance.	sérieux	531
⓰ Bon résultat obtenu par quelqu'un.	succès	521
⓱ Sans restriction, sans manque.	complètement	515
⓲ Créateur d'une œuvre artistique.	auteur	544
⓳ Temps assez long que l'on passe en dehors de chez soi.	séjour	553
⓴ Rue très large.	boulevard	481
㉑ Travail que l'on fait pour vivre et pour lequel on a reçu un enseignement ou suivi une formation.	métier	533

560語

語義	解答	連番
㉒ D'une manière totale, quoi qu'il arrive, quoi qu'il en coûte.	absolument	541
㉓ Espace qu'on peut voir autour de soi avec sa végétation, son relief, ses cours d'eau, ses habitations.	paysage	558
㉔ Une personne avec laquelle on partage une activité et que l'on aime bien.	camarade	504
㉕ Dont on peut se servir, qui aide à obtenir le résultat souhaité.	utile	554
㉖ Endroit où s'arrêtent les taxis, les autobus, les métros.	station	535
㉗ Récipient en verre ou en plastique qui a un goulot et qui contient un liquide.	bouteille	496
㉘ Ce qui va arriver, le temps qui viendra après le temps présent.	avenir	489
㉙ Dire quelque chose une nouvelle fois.	répéter	540
㉚ Le père, la mère, ou personne avec laquelle on a un lien de famille.	parent	495
㉛ Matière fabriquée à partir de végétaux réduits en pâte et séchés dont les usages sont multiples (écrire, envelopper, sécher, décorer, etc.).	papier	494
㉜ Partie du corps qui va des épaules aux reins.	dos	539
㉝ Instrument de musique qui a le plus souvent six cordes que l'on pince.	guitare	509
㉞ Mélange d'aliments (légumes, viandes, fruits) crus ou cuits servis avec une sauce vinaigrette le plus souvent.	salade	518
㉟ Partie avant de la tête d'une personne, composée du front, des yeux, du nez, de la bouche et du menton.	visage	491
㊱ Appareil ménager qui produit du froid et permet de conserver les aliments.	frigo	523
㊲ Personne qui fait partie d'un groupe ou d'une association.	membre	500
㊳ Partie verte et plate qui pousse sur les tiges des plantes et sur les branches des arbres.	feuille	519
㊴ Ce qui est tout autour de nous.	environnement	551

語義	解答	連番
㊵ Ouverture dans le bas du visage, bordée par les lèvres.	bouche	548
㊶ Remettre en bon état ce qui a été cassé ou abîmé.	réparer	550
㊷ Enveloppe extérieure du corps et de certains fruits ou légumes.	peau	557
㊸ Comportement poli que l'on a avec une personne en raison de sa valeur, de son âge, de ses connaissances.	respect	486
㊹ Séparer quelque chose en morceaux.	couper	528
㊺ Fabriquer, élaborer quelque chose qui n'existait pas avant.	créer	488
㊻ Création d'un artiste: musique, livre, film, peinture, etc.	œuvre	545
㊼ Qui plaît.	agréable	552
㊽ De manière imprévue.	par hasard	503
㊾ Personne qui voyage pour le plaisir et visite un pays, une région ou une ville.	touriste	524
㊿ Ensemble des services et des personnes qui font respecter les lois et s'occupent de la sécurité de la population.	police	501
51 Endroit ou milieu d'où quelqu'un est issu.	origine	492
52 Qui peut être porté facilement.	portable	506
53 Établissement industriel où l'on fabrique des véhicules, des aliments, des vêtements, etc. avec des machines.	usine	499
54 Qui n'a pas assez d'argent pour manger, se loger, vivre.	pauvre	520
55 Communication à usage public qui comporte des programmes sonores.	radio	549
56 Trouver ce qui était inconnu ou caché.	découvrir	527
57 Que tout le monde connaît.	célèbre	542
58 Être présent à un spectacle ou un événement.	assister	493
59 Émotion que l'on ressent quand on est très heureux.	joie	547
60 Petit bâton de bois qui contient une mine et qui sert à écrire ou colorier.	crayon	514

語義	解答	連番
⑥① Camarade que l'on aime bien.	copain	508
⑥② Ce qui protège les pieds quand on marche.	chaussure	526
⑥③ Petit gâteau sec.	biscuit	559
⑥④ Avoir un certain prix.	valoir	543
⑥⑤ Pâtisserie sucrée ou salée faite d'une pâte étalée dans un moule et couverte de fruits ou de légumes et cuite au four.	tarte	525
⑥⑥ Suite d'images qui se forment dans l'esprit quand on dort.	rêve	517
⑥⑦ Objet enveloppé dans un emballage.	paquet	510
⑥⑧ Qui se déplace ou s'accomplit en peu de temps.	rapide	530
⑥⑨ Action de lire, de déchiffrer un texte en silence ou à haute voix.	lecture	529
⑦⑩ Saveur d'un aliment.	goût	485
⑦① Matière grasse jaune que l'on obtient en battant la crème du lait.	beurre	546
⑦② Faire quelque chose jusqu'à la fin, aller au bout d'une activité.	terminer	534
⑦③ Groupe de personnes qui font une activité ensemble.	association	516
⑦④ Organe qui permet de voir.	œil	502
⑦⑤ Période de la vie depuis la naissance jusqu'à l'adolescence.	enfance	522
⑦⑥ Passer d'un côté à l'autre, passer de l'autre côté.	traverser	490
⑦⑦ Grand animal domestique qui a une crinière et de longues pattes, qui court très bien et peut porter une charge sur son dos.	cheval	505
⑦⑧ Jouer, passer le temps agréablement.	s'amuser	556
⑦⑨ Produit vendu en pharmacie qui permet de soigner un malade.	médicament	513
⑧⑩ Certitude qu'une personne ne va pas nous tromper.	confiance	511

Étape 8

La manière fait tout.
どうやるかがすべて。

561

journaliste

/ ʒurnalist / ジャーナリスト

名 **Personne dont le métier est d'écrire dans les journaux ou de donner des informations à la radio et à la télévision.**

新聞に記事を書いたり、ラジオやテレビで情報を提供したりする仕事をしている人

例 Ce **journaliste** visite le monde entier.

そのジャーナリストは世界各地を訪れている。

562

vide

/ vid / からの

形 **Qui ne contient rien.**

何も含まない

⇔ plein, *e*; rempli, *e*

他 vider ～をからにする

例 La salle de cinéma était presque **vide**.

映画館はほとんど人がいなかった。

563

coin

/ kwɛ̃ / 角、すみ

男 ① **Angle formé par les deux côtés d'une chose, par deux murs ou par deux rues.**

ものの2つの面、2つの壁、あるいは2つの通りによって形成される角

angle 角、角度

例 Il y a une lampe dans un **coin** de la pièce.

部屋のすみにランプがある。

近所、界隈

② **Endroit proche du lieu où l'on se trouve, dans une ville ou à la campagne.**

町や田舎の、自分がいるところに近い場所

例 J'ai rencontré un vieil ami au café du **coin**.

私は、このあたりのカフェで昔の友だちに会った。

□□□ 564

courage

/ kuraʒ / 勇気

男 ① **Force de supporter la douleur ou d'aller au-devant du danger.**

痛みに耐えたり、危険に立ち向かったりする力

supporter ～に耐える **douleur** 痛み

≒ bravoure

⇔ lâcheté

形 courageux, *se* 勇敢な 副 courageusement 勇敢に

例 Ma mère m'a dit: "Bon **courage**!"

母は私に「頑張ってね!」と言った。

気力

② **Energie avec laquelle on fait quelque chose.**

人が何かを行うためのエネルギー

例 Je n'ai plus le **courage** de sortir ce soir.

私は今晩はもう出かける元気がない。

□□□ 565

veste

/ vɛst / 上着

女 **Vêtement à manches longues ou courtes qui couvre le haut du corps et qui est ouvert devant.**

上半身を覆い、前が開いている長袖または半袖の衣服

例 Je portais souvent cette **veste** quand j'étais étudiant.

学生のころ、私はよくこのジャケットを着ていた。

□□□ 566

sembler

/ sɑ̃ble / ～のように見える

自 **Avoir une certaine apparence.**

ある特定の外観をしている

≒ paraître

例 Elle **semblait** fatiguée après neuf heures de travail.

9時間働いたあと、彼女は疲れているように見えた。

566語

□□□ 567

passeport
/ paspɔr / パスポート

男 **Papier d'identité qui a la forme d'un petit carnet et qui permet de voyager à l'étranger.**
外国に旅行することを可能にする小さな手帳型の身分証明書

carnet 手帳

例 J'ai fait faire mon **passeport** pour voyager à l'étranger.
外国に旅行するためにパスポートを作った。

□□□ 568

cacher
/ kaʃe / ～を隠す

他 **Mettre quelque chose dans un endroit secret.**
何かを秘密の場所に置く

≒ dissimuler

例 Il **a caché** son téléphone portable sous le lit.
彼は携帯電話をベッドの下に隠した。

□□□ 569

clair, *e*
/ klɛr / 明るい

形 ① **Qui a beaucoup de lumière, qui est presque blanc.**
光に満ちている、ほとんど白い

≒ lumineux, *se*

⇔ sombre

女 clarté 明るさ　副 clairement はっきりと

例 Cette chambre est très **claire**.
この部屋はとても明るい。

明快な

② **Que l'on comprend facilement.**
容易に理解できる

例 Il est **clair** que tu es malade.
君が病気なのは明らかだ。

□□□ 570

s'habiller / sabije / 服を着る

代動 **Mettre ses vêtements.** 衣服を身につける

≒ se vêtir

⇔ se déshabiller

例 Martin **s'habille** dans sa chambre maintenant. マルタンは今、自分の部屋で服を着ている。

□□□ 571

naissance / nɛsɑ̃s / 誕生

女 **Moment où un bébé ou un animal vient au monde.** 赤ちゃんや動物がこの世界に出てくる瞬間

自 naître 生まれる

例 Quelle est votre date de **naissance**? あなたの生年月日はいつですか。

□□□ 572

compter / kɔ̃te / ～を数える

他 ① **Dire les nombres dans l'ordre.** 数を順番に言う

≒ calculer

男 compte 計算

例 Ma petite fille peut **compter** jusqu'à 20. 私の幼い娘は20まで数えられる。

～するつもりである

② **Prévoir de faire quelque chose.** 何かを行うことを予定する

prévoir ～を予定する、計画する

≒ envisager

例 Vous **comptez** partir demain? 明日出発するつもりですか。

572語

□□□ 573

tranquille

/ trɑ̃kil / 静かな

形 **Où il n'y a pas de bruit, où tout est calme.**

物音がまったくしない、すべてが静かな

calme 静かな

≒ paisible

⇔ bruyant, *e*

副 tranquillement 静かに　女 tranquillité 静けさ

例 Il a mené une vie **tranquille** jusqu'à sa mort.

彼は死ぬまで穏やかな生活を送った。

□□□ 574

disparaître

/ disparɛtr / 姿を消す、いなくなる

自 **Quitter le lieu où on se trouve, devenir absent.**

自らのいる場所を離れる、不在になる

⇔ apparaître

女 disparition 見えなくなること

例 Le chat **a disparu** depuis déjà une semaine.

その猫は姿を消してもう1週間になる。

□□□ 575

recommander

/ rəkɔmɑ̃de / ～を勧める

他 **Conseiller vivement quelque chose, insister sur les mérites de quelqu'un.**

何かを強く推奨する、誰かの長所を強調する

insister 強調する

女 recommandation 推薦

例 Nous vous **recommandons** de prendre un taxi.

私たちはあなたにタクシーを利用することをお勧めします。

□□□ 576

bâtiment

/ bɑtimɑ̃ / 建物

男 **Grande construction.**

大きな建造物

例 Ce vieux **bâtiment** est une église.

この古い建物は教会です。

□□□ 577

suivant, *e* / sɥivɑ̃, -vɑ̃t / 次の、あとに続く

形 **Qui vient immédiatement après.** 直後に来る

immédiatement すぐ前［後］に

⇔ précédent, *e*

他 suivre ～についていく 女 suite 続き

例 La personne **suivante**, s'il vous plaît. 次の方、どうぞ。

□□□ 578

supermarché / sypɛrmarʃe / スーパーマーケット

男 **Grand magasin dans lequel le client se sert lui-même, muni d'un chariot, et paie à une des nombreuses caisses.** 客がカートを運んで、自分で品物を選び、数あるレジの一つで支払う大きな店

chariot カート

例 Ce **supermarché** est ouvert tous les jours. このスーパーマーケットは毎日営業している。

□□□ 579

sourire / surir / 微笑する、ほほ笑む

自 **Exprimer par un mouvement des lèvres et des yeux que l'on est content, moqueur ou aimable.** 唇と目の動きで、満足していること、からかっていること、あるいは愛想がいいことを表現する

moqueur, ***se*** からかうような **aimable** 愛想のいい、感じのいい

例 Charlotte **a souri** quand elle m'a reconnu. シャルロットは私に気づくとほほ笑んだ。

□□□ 580

poids / pwa / 重量

男 **Ce que pèse un être ou un objet.** 生き物や物体の重さ

≒ masse

例 J'ai pris du **poids** en mangeant trop de chips. ポテトチップスを食べすぎて体重が増えた。

580語

□□□ 581

dur, *e* / dyr / 困難な

形 ① **Qui ne se fait pas facilement.** 簡単にはできない

≒ pénible; difficile

⇔ aisé, *e*; facile

例 Ce portable est **dur** à utiliser. この携帯電話は使いこなすのが難しい。

硬い

② **Que l'on ne peut pas couper facilement.** 簡単に切れない

≒ résistant, *e*; coriace

⇔ mou, *molle*; tendre

例 Ce pain est trop **dur** à manger. このパンは硬すぎて食べられない。

つらい、耐えがたい

③ **Difficile à supporter, à voir ou à entendre, qui cause une souffrance.** 耐えたり見たり聞いたりするのが困難な、苦しみを引き起こす

causer ～を引き起こす

≒ rude

⇔ doux, *ce*

例 Il est **dur** de ne pas pouvoir dormir. 眠れないのはつらい。

□□□ 582

boucherie / buʃri / 肉屋

女 **Magasin où l'on vend de la viande.** 肉を販売する店

例 Achetez du poulet à la **boucherie**, s'il vous plaît. 肉屋で鶏肉を買ってきてください。

583

mur / myr / 壁、塀

男 **Construction verticale qui forme un côté d'un bâtiment ou qui sert à fermer un espace.**

建物の側面を形成したり、空間を囲んだするのに役立つ垂直な建造物

形 mural, *e*, 壁の

例 Mettons un tableau sur le **mur**. 壁に絵を掛けよう。

584

ancien, *ne* / ɑ̃sjɛ̃, -sjɛn / 古い

形 ① **Qui ont un grand âge.**

長い年月を経た

≒ vieux, *vieille*

⇔ neuf, *ve*; moderne; récent, *e*

副 anciennement 昔は

例 Il y a une église **ancienne** dans le village. 村には古い教会がある。

かつての

② **Qui a été quelque chose autrefois et qui ne l'est plus aujourd'hui.**

以前はそうだったが、今日ではそうでない

⇔ nouveau, *nouvelle*

例 Nathalie est une **ancienne** élève de cette école. ナタリーはこの学校の卒業生だ。

古くからの

③ **Qui est ainsi depuis longtemps.**

長い間そのような

例 Paul est un **ancien** ami. ポールは古くからの友人だ。

□□□ 585

sel

/ sɛl / 塩

男 **Matière blanche au goût piquant extraite de l'eau de mer et que l'on utilise pour assaisonner ou conserver les aliments.**

食品の味つけや保存に使われる、海水から抽出したぴりっとした味の白い物質

piquant 辛い、ぴりっとする　**extraire** ～を抽出する
assaisonner ～に味をつける

形 salé, *e* 塩辛い　他 saler ～に塩味をつける

例 Passez-moi le **sel**, s'il vous plaît.

塩を回してください。

□□□ 586

danger

/ dɑ̃ʒe / 危険

男 **Risque d'accident.**

事故の危険性

≒ péril

形 dangereu*x*, *se* 危険な

例 Il y a du **danger** à nager dans cette rivière.

この川で泳ぐのは危険だ。

□□□ 587

progrès

/ prɔgrɛ / 進捗

男 ① **Évolution vers une situation meilleure.**

よりよい状況へと向かう進展

évolution 進展　**meilleur** よりよい

例 Il a fait beaucoup de **progrès** en français.

彼はフランス語がとても上達した。

進歩

② **Développement de la civilisation qui apporte de meilleures conditions de vie.**

よりよい生活環境をもたらす文明の発展

civilisation 文明

例 Les **progrès** de la science accélèrent le tempo de notre vie.

科学の進歩は私たちの生活のテンポを加速する。

588

élever

/ eləve / ～を育てる

他 **Nourrir et soigner un enfant ou un animal.**

子どもや動物に食事を与えたり世話をしたりする

形 élevé, *e* 高い

例 Elle **élève** des lapins dans le jardin.

彼女は庭でウサギを飼育している。

589

espèce

/ ɛspɛs / 種類、(生物の)種

女 **Ensemble des individus ou des choses qui ont des caractéristiques communes qui les distingue des autres.**

他のものと異なる共通の特徴を持つ個人またはものの総体

≒ genre

例 De nombreuses **espèces** animales et végétales ont disparu à cause de la destruction des forêts.

森林破壊により、多くの動植物の種が姿を消した。

590

tirer

/ tire / ～を引く

他 ① **Amener quelque chose vers soi ou la traîner derrière soi.**

何かを自分の方に持ってくる、または自分の後ろに引きずる

amener ～を持ってくる　**traîner** ～を引きずる

⇔ pousser

例 Je l'**ai tiré** par la main pour qu'il puisse se lever.

私は彼が起き上がれるように彼の手を引っぱった。

～を引き出す、取り出す

② **Faire sortir quelqu'un ou quelque chose d'un endroit.**

誰かあるいは何かをある場所から出す

≒ puiser

例 Il **a tiré** son carnet de sa poche.

彼はポケットから手帳を取り出した。

590語

□□□ 591

plante

/ plɑ̃t / 植物

女 **Végétal fixé au sol par des racines.**

根で地面に固定された植物

他 planter ～を植える

例 Ces **plantes** ont besoin de peu de lumière.

これらの植物はほとんど光を必要としない。

□□□ 592

frapper

/ frape / 打つ、たたく

自 **Donner un coup ou des coups à quelque chose ou quelqu'un.**

何かあるいは誰かに1回または複数回の打撃を加える

≒ battre; taper

例 Quelqu'un semble **frapper** à la porte.

誰かがドアをノックしているようだ。

□□□ 593

voler

/ vɔle / ～を盗む

他 **Prendre ce qui appartient à une autre personne sans son accord.**

同意を得ずに人のものを取る

accord 同意、賛同

≒ dérober; subtiliser

例 Un jeune homme m'**a volé** une valise à l'aéroport.

若い男が空港で私からスーツケースを盗んだ。

□□□ 594

reconnaître

/ rəkɔnɛtr / ～に見覚えがある

他 **Se rappeler une personne, une chose que l'on voit.**

目にしている人やものを覚えている

女 reconnaissance 承認；識別

例 Il n'a pas pu me **reconnaître**.

彼は私のことがわからなかった。

□□□ 595

leçon

/ ləsɔ̃ / 課

女 **Ce qu'un maître demande aux élèves d'apprendre.**

教師が生徒に学ぶように求めるもの

maître, *sse* 教師、先生

ⓘ「授業」の意味もある。

例 Ce manuel contient 20 **leçons** au total.

この教科書は全部で20課ある。

□□□ 596

historique

/ istɔrik / 歴史的な、歴史に残る

形 **Qui est digne d'être conservé par l'histoire.**

歴史によって保存される価値がある

digne de ～に値する

女 histoire 歴史

例 Cette tour est un bâtiment **historique** célèbre.

この塔は有名な歴史的建造物だ。

□□□ 597

évidemment

/ evidamɑ̃ / もちろん

副 **D'une manière certaine, sans aucun doute.**

確実に、間違いなく

形 évident, *e* 明らかな　女 évidence 明白

例 **Évidemment**, l'entrée est gratuite.

もちろん、入場は無料です。

□□□ 598

style

/ stil / スタイル、様式

男 **Manière personnelle dont s'expriment un artiste ou un ensemble d'artistes d'une même époque.**

同じ時代の芸術家や芸術家グループが自らを表現する独自の方法

personnel, *le* 独自の

例 Le **style** de cette œuvre est original.

この作品のスタイルは独創的だ。

□□□ 599

collège

/ kɔlɛʒ / 中学校

男 Établissement scolaire où vont les élèves après l'école élémentaire.

生徒が小学校を卒業したあとに通う教育機関

école élémentaire 小学校

例 Mon frère est dans le club de tennis du **collège**.

弟は中学のテニス部に入っている。

□□□ 600

manquer

/ mɑ̃ke / 足りない、欠けている

自 Ne pas avoir assez d'une chose.

あるものを十分に持っていない

ⓘ Il manque ～.という非人称構文で「～が欠けている、足りない」という意味を表す使い方がある。

男 manque 不足、欠如

例 Il **manque** un bouton à ce manteau.

このコートはボタンが１つ取れている。

□□□ 601

acteur, trice

/ aktœr, -tris / 俳優

名 Artiste qui joue dans un film ou une pièce de théâtre.

映画や演劇作品で演じるアーティスト

例 Cet **acteur** est très à la mode.

この俳優はとても人気だ。

□□□ 602

soupe

/ sup / スープ

女 Aliment liquide assez épais fait le plus souvent de légumes écrasés et d'eau.

しばしばつぶした野菜と水で作られた、比較的濃厚な液状の食べ物

liquide 液状の、液体の　**écraser** ～をつぶす

ⓘ「スープを飲む」はboire de la soupeではなくmanger de la soupeと言う。

例 Je mange souvent de la **soupe** chaude en hiver.

私は冬によく熱いスープを飲む。

603

bizarre

/ bizar / 奇妙な、おかしな

形 **Qui n'est pas comme d'habitude, qui étonne.**

普通と異なる、驚くような

étonner ～を驚かせる

副 bizarrement 奇妙に

例 C'est **bizarre** qu'il soit si gentil.

彼がこんなに親切なのは奇妙だ。

604

se tromper

/ sə trɔ̃pe / 間違える

代動 **Faire une erreur, confondre des choses ou des personnes.**

誤りを犯す、物事や人を混同する

confondre ～を混同する

形 trompeur, *se* 人を欺く、偽りの

例 Elle **s'est trompée** d'heure pour son rendez-vous.

彼女はアポの時間を間違えた。

605

degré

/ dəgre / 度

男 ① **Unité de mesure de la température.**

温度を測る単位

unité 単位

例 Dans ce pays, la température monte jusqu'à 40 **degrés** en été.

この国では、夏には気温が40度になる。

程度

② **Intensité, profondeur d'un fait ou d'un sentiment.**

事実あるいは感情の強度、深さ

profondeur 深さ

≒ niveau; point

例 Ce test mesure le **degré** de stress.

このテストはストレスの程度を測定する。

□□□ 606

erreur
/ ɛrœr / 間違い

女 **Faute commise dans un raisonnement ou dans un jugement.**

推論や判断において犯される過ち

commettre 〈犯罪・過ちなど〉を犯す
raisonnement 推論　jugement 判断

例 Il y avait beaucoup d'**erreurs** dans la composition de Maurice.
モリスの作文にはたくさんの誤りがあった。

□□□ 607

annoncer
/ anɔ̃se / ～を知らせる

他 **Faire savoir quelque chose.**

何かを知らせる

≒ apprendre; informer de

女 annonce 知らせ、発表

例 Il **a annoncé** à Isabelle la date de la prochaine réunion.
彼はイザベルに次の会合の日付を知らせた。

□□□ 608

caisse
/ kɛs / 箱、ケース

女 ① **Grande boîte pour transporter des objets.**

ものを運ぶための大きな箱

例 Camille lui a offert une **caisse** de vin blanc.
カミーユは彼に白ワインを1箱プレゼントした。

レジ

② **Endroit où l'on paie ses achats dans un magasin.**

店で購入代金を払う場所

例 Excusez-moi, où est la **caisse**?
すみません、レジはどこですか。

609

se servir de　/ sə sεrvir də /　〜を使う

熟 **Utiliser quelque chose.**　何かを利用する

男 service 給仕

例 Je peux **me servir de** ces serviettes?　これらのタオルを使ってもいいですか。

610

ventre　/ vɑ̃tr /　腹

男 **Partie antérieure du corps humain située au-dessous de la taille.**　ウエストの下にある人体の前部

antérieur, *e* 前の、前方の　**taille** ウエスト

≒ abdomen

例 Il a eu mal au **ventre** toute la nuit.　彼は一晩中おなかが痛かった。

611

île　/ il /　島

女 **Terre entourée d'eau.**　水に囲まれた陸地

例 Il est venu sur cette **île** pour camper.　彼はキャンプをしに、この島に来た。

612

différent, *e*　/ diferɑ̃, -rɑ̃t /　異なる

形 **Qui n'est pas semblable aux autres lorsqu'on fait une comparaison.**　比較したときに他のものと似ていない

comparaison 比較

≒ identique

女 différence 違い　自 différer 違う、異なる

例 Mon avis est **différent** du vôtre.　私の考えはあなたの考えとは異なります。

□□□ 613

patience

/ pasjɑ̃s / 辛抱強さ、根気

女 **Qualité d'une personne qui sait attendre calmement, sans s'énerver.**

いら立つことなく、落ち着いて待つことのできる、人の性質

calmement 落ち着いて　s'énerver いら立つ

⇔ impatience

形 patient, *e* 忍耐強い

例 Finalement il a perdu **patience**.　ついに彼は忍耐を失った。

□□□ 614

malheureux, *se*

/ malœrø, -røz / 不幸な

形 **Qui est triste, qui a des ennuis.**

悲しい、悩んでいる

ennui 悩み、心配事

⇔ heureux, *se*

男 malheur 不幸　副 malheureusement 不幸にも、運悪く

例 La mort de son fils l'a rendue **malheureuse**.　息子の死は彼女を不幸にした。

□□□ 615

compl*et*, *ète*

/ kɔ̃plɛ, -plɛt / 完全な

形 ① **Où rien ne manque.**

何も欠けていない

≒ enti*er*, *ère*

⇔ incomplet, *e*

副 complètement 完全に　他 compléter ～を完全なものにする

例 Je cherche les œuvres **complètes** de Flaubert.　私はフロベールの全集を探している。

満員の

② **Où il n'y a plus de place.**

もう余地がない

例 L'avion était **complet**.　飛行機は満席だった。

616

instant

/ ɛ̃stɑ̃ / 瞬間、一瞬

男 **Un petit moment.**

わずかな瞬間

例 Je t'apporterai la nourriture dans un **instant**.

すぐに食べ物を持ってくるよ。

617

intelligent, *e*

/ ɛ̃teliʒɑ̃, -ʒɑ̃t / 賢い

形 **Qui comprend vite et s'adapte facilement aux situations nouvelles.**

理解が早く、新しい状況にすぐに順応する

s'adapter à ～に順応する、適応する

⇔ bête; idiot, *e*; sot, *te*; stupide

女 intelligence 知能、知性

例 Les dauphins sont des animaux **intelligents**.

イルカは賢い動物だ。

618

exercice

/ ɛgzɛrsis / 運動

男 ① **Activité physique.**

身体の活動

他 exercer ～を鍛える、訓練する

例 Je n'ai pas fait d'**exercice** ces derniers temps.

私は最近、運動不足だ。

練習問題

② **Travail scolaire qui permet de vérifier si l'on a compris une leçon.**

授業を理解したか確かめるための学校の課題

vérifier ～を確かめる

ⓘ 「宿題」という意味もある。

例 Nous avons fait beaucoup d'**exercices** de mathématiques.

私たちはたくさんの数学の練習問題を解いた。

619

chemise / ʃəmiz / シャツ

女 **Vêtement en tissu pour le haut du corps, avec des manches et des boutons devant.**

袖があり、前面にボタンのついた、生地でできた上半身用の衣服

bouton ボタン

例 Mon père a acheté une **chemise** blanche.

父は白いシャツを1枚買った。

620

intention / ɛ̃tɑ̃sjɔ̃ / 意図

女 **Volonté de faire quelque chose.**

何かをする意志

volonté 意志

≒ but; objectif

例 Je n'avais aucune **intention** de vous offenser.

ご気分を害するつもりはまったくありませんでした。

621

vêtement / vɛtmɑ̃ / 衣服

男 **Ce que l'on met sur son corps pour le protéger.**

体を保護するために身につけるもの

≒ habits

例 Elle n'aime pas porter les **vêtements** de sa grande sœur.

彼女は姉の服を着るのが好きではない。

622

fatigué, *e* / fatige / 疲れた

形 **Qui a moins de force à cause d'une maladie ou d'un excès de travail.**

病気や働きすぎで体力が弱った

à cause de ～のために、～のせいで

女 fatigue 疲れ、疲労　他 fatiguer ～を疲れさせる

例 Anaïs est trop **fatiguée** pour prendre un bain.

アナイスは疲れすぎて入浴できない。

□□□ 623

somme

/ sɔm / 合計

女 ① **Nombre obtenu après une addition.** 足し算をして得られる数

例 Quel est le résultat de la **somme** de ces chiffres ? これらの数を足したらいくつになりますか。

金額

② **Quantité d'argent.** 金額

例 Quelle **somme** as-tu dépensée au supermarché cette semaine? 今週、スーパーでいくら使った?

□□□ 624

poésie

/ pɔezi / （文学ジャンルの）詩

女 **Art de combiner les sonorités, les mots et les rythmes d'une langue pour évoquer des images, exprimer une idée ou un sentiment.** 言語の音、言葉、リズムを組み合わせてイメージを喚起したり、思想や感情を表現したりする芸術

combiner ～を組み合わせる　sonorité（声・楽器などの）響き
rythme リズム、韻律　évoquer ～を喚起する

男 poète 詩人　形 poétique 詩の

例 La **poésie** est la musique de la parole. 詩は言葉の音楽だ。

□□□ 625

futur

/ fytyr / 未来

男 **Ce qui se passera plus tard.** あとで起こること

≒ avenir

⇔ passé

形 futur, *e* 未来の

例 Elle veut être chanteuse dans le **futur**. 彼女は将来、歌手になりたい。

625語

□□□ 626

capitale / kapital / 首都

女 **Ville où se trouve le gouvernement du pays.**

国の政府が置かれている都市

例 Quelle est la **capitale** de l'Italie?

イタリアの首都はどこですか。

□□□ 627

désirer / dezire / ～を望む

他 **Avoir envie de quelque chose.**

何かが欲しい

≒ souhaiter; avoir besoin de

男 désir 欲望　形 désirable 望ましい

例 Je **désire** un nouveau smartphone pour mon anniversaire.

私は誕生日に新しいスマートフォンが欲しい。

□□□ 628

œuf / œf / 卵

男 ① **Ce que pondent les femelles des oiseaux, (mais aussi des grenouilles, des reptiles, des poissons, des insectes) et qui donne naissance à un petit.**

雌の鳥(あるいはカエル、爬虫類、魚、昆虫)が産み、そこから子どもが誕生するもの

pondre ～を産む　femelle 雌　grenouille カエル
reptile 爬虫類　insecte 虫

例 Avez-vous déjà vu un **œuf** de pingouin?

ペンギンの卵を見たことがありますか。

(食用の)卵

② **Produit de la ponte de certains oiseaux ou poissons et que l'on peut manger.**

食べることができる、特定の鳥や魚の産卵の産物

ponte 産卵

例 J'ai acheté des **œufs** pour faire une omelette.

私はオムレツを作るために卵を買った。

□□□ 629

hésiter
/ ezite /　ためらう、迷う

自 **Ne pas arriver à se décider, être incertain.**　決心していない、確信していない

incertain, *e* 確信がない、迷っている

女 hésitation ためらい　形 hésitant, *e* ためらった

例 Il **hésite** sur le choix de la chemise à acheter.　彼はどのシャツを買うべきか迷っている。

□□□ 630

autrefois
/ otrəfwa /　昔、かつて

副 **Il y a très longtemps.**　ずっと前

例 **Autrefois**, ce bâtiment était une école.　この建物はかつて学校だった。

□□□ 631

inquiet, ète
/ ɛ̃kjɛ, -kjɛt /　心配して

形 **Qui n'a pas l'esprit calme, qui se fait du souci.**　心が落ち着かない、心配している

souci 心配

≒ soucieux, *se*

女 inquiétude 不安、心配

例 Ils sont **inquiets** pour la santé de leur fils.　彼らは息子の健康を心配している。

□□□ 632

moto
/ mɔto /　バイク

女 **Véhicule à deux roues et à moteur pouvant transporter une ou deux personnes.**　1人または2人を運ぶことができる、モーターのついた二輪の乗り物

例 Je préfère conduire une **moto** plutôt qu'une voiture.　私は車よりもバイクを運転するほうが好きだ。

632語

□□□ 633

terrible

/ tɛribl / 恐ろしい

形 ① **Qui est très effrayant.**

とても怖い

effrayant 恐ろしい

≒ épouvantable; terrifiant, *e*

副 terriblement ものすごく、ひどく

例 J'ai fait un rêve **terrible** cette nuit.

私は昨夜怖い夢を見た。

ひどい、すさまじい

② **Qui est très violent, très fort.**

非常に激しい、とても強い

≒ infernal, *e*; insupportable

例 Le vent est **terrible** aujourd'hui.

今日は風がとても強い。

□□□ 634

ascenseur

/ asɑ̃sœr / エレベーター

男 **Appareil électrique qui permet de transporter les personnes d'un étage à l'autre dans un bâtiment.**

建物のある階から別の階に人を運ぶ電動装置

例 Elle est descendue de l'**ascenseur** au huitième étage.

彼女は9階でエレベーターを降りた。

□□□ 635

placer

/ plase / ～を置く

他 **Mettre un objet ou une personne à un endroit précis.**

特定の場所にものや人を置く

≒ disposer; poser; installer

例 Nous **avons placé** la statue près de la porte.

私たちはその像をドアの近くに置いた。

636

croissant / krwasɑ̃ / 三日月

男 ① **Partie de la lune qui forme deux cornes.**

2つの角の形を持つ、月の一部

例 J'ai pu admirer un beau **croissant** de lune hier soir.

私は昨夜、美しい三日月を楽しむことができた。

クロワッサン

② **Pâtisserie en forme de corne.**

角型のペストリー

corne 角

例 Je voudrais trois **croissants**, s'il vous plait.

クロワッサンを3つください。

637

pressé, *e* / prɛse / 急いでいる

形 **Qui se dépêche, qui a quelque chose d'urgent à faire ou qui a hâte de le faire.**

急いでいる、差し迫った用件がある、あるいはそれを早くしたい

urgent, *e* 緊急の、急を要する

≒ impatient, *e*

形 pressant, *e* 急を要する 他 presser ～を急がせる

例 Elle a l'air **pressée**.

彼女は急いでいるように見える。

638

météo / meteo / 天気予報

女 **Émission à la radio, à la télévision ou article de journal qui annonce le temps qu'il fera dans les jours à venir.**

この先天気がどうなるかを伝えるラジオ、テレビ番組、または新聞記事

ⓘ prévisions météologiques を短縮した形。

例 La **météo** nous conseille de prendre un parapluie.

天気予報は傘を持って行くように勧めている。

□□□ 639

spécial, *e* / spesjal / 特別な

形 ① **Qui correspond uniquement à une personne ou à une chose.** ある人やものにだけ当てはまる

ⓘ 男性複数の場合はspéciaux。

副 spécialement 特別に；特に

例 Léa a préparé un dîner **spécial** pour son fils. レアは息子のために特別な夕食を用意した。

変わった

② **Qui est différent des autres.** 他のものと違う

≒ particuli*er*, *ère*; bizarre; étrange

⇔ banal, *e*; courant, *e*; ordinaire

例 Ton ami est un peu **spécial**. 君の友だちは少し変わっているね。

□□□ 640

sonner / sɔne / 鳴る

自 ① **Faire entendre un tintement.** (鐘などの)音を聞こえさせる

tintement (鐘などの)音、響き

女 sonnette 呼び鈴、ベル

例 Le téléphone **sonne** dans la pièce voisine. 隣の部屋で電話が鳴っている。

ベルを鳴らす

② **Faire fonctionner une sonnerie en appuyant sur un bouton.** ボタンを押してベルを機能させる

例 On **sonne** à la porte! ドアのベルが鳴っている!

章末ボキャブラリーチェック

次の語義が表すフランス語の語句を答えてください

語義	解答	連番
❶ Qui est triste, qui a des ennuis.	malheureux	614
❷ Manière personnelle dont s'expriment un artiste ou un ensemble d'artistes d'une même époque.	style	598
❸ Évolution vers une situation meilleure.	progrès	587
❹ Magasin où l'on vend de la viande.	boucherie	582
❺ Exprimer par un mouvement des lèvres et des yeux que l'on est content, moqueur ou aimable.	sourire	579
❻ Ce que pondent les femelles des oiseaux, (mais aussi des grenouilles, des reptiles, des poissons, des insectes) et qui donne naissance à un petit.	œuf	628
❼ Qui est très effrayant.	terrible	633
❽ Qui comprend vite et s'adapte facilement aux situations nouvelles.	intelligent	617
❾ Art de combiner les sonorités, les mots et les rythmes d'une langue pour évoquer des images, exprimer une idée ou un sentiment.	poésie	624
❿ Qui a moins de force à cause d'une maladie ou d'un excès de travail.	fatigué	622
⓫ Mettre un objet ou une personne à un endroit précis.	placer	635
⓬ Grande boîte pour transporter des objets.	caisse	608
⓭ Qui ne contient rien.	vide	562
⓮ Qui vient immédiatement après.	suivant	577
⓯ Force de supporter la douleur ou d'aller au-devant du danger.	courage	564
⓰ Risque d'accident.	danger	586
⓱ Qualité d'une personne qui sait attendre calmement, sans s'énerver.	patience	613
⓲ Mettre quelque chose dans un endroit secret.	cacher	568
⓳ Mettre ses vêtements.	s'habiller	570
⓴ Qui est digne d'être conservé par l'histoire.	historique	596

640語

語義	解答	連番
㉑ Utiliser quelque chose.	se servir de	609
㉒ Appareil électrique qui permet de transporter les personnes d'un étage à l'autre dans un bâtiment.	ascenseur	634
㉓ Végétal fixé au sol par des racines.	plante	591
㉔ Angle formé par les deux côtés d'une chose, par deux murs ou par deux rues.	coin	563
㉕ Qui ne se fait pas facilement.	dur	581
㉖ Aliment liquide assez épais fait le plus souvent de légumes écrasés et d'eau.	soupe	602
㉗ Matière blanche au goût piquant extraite de l'eau de mer et que l'on utilise pour assaisonner ou conserver les aliments.	sel	585
㉘ Terre entourée d'eau.	île	611
㉙ Ce que pèse un être ou un objet.	poids	580
㉚ Qui se dépêche, qui a quelque chose d'urgent à faire ou qui a hâte de le faire.	pressé	637
㉛ Personne dont le métier est d'écrire dans les journaux ou de donner des informations à la radio et à la télévision.	journaliste	561
㉜ Avoir une certaine apparence.	sembler	566
㉝ D'une manière certaine, sans aucun doute.	évidemment	597
㉞ Ce qui se passera plus tard.	futur	625
㉟ Nourrir et soigner un enfant ou un animal.	élever	588
㊱ Volonté de faire quelque chose.	intention	620
㊲ Ce qu'un maître demande aux élèves d'apprendre.	leçon	595
㊳ Partie de la lune qui forme deux cornes.	croissant	636
㊴ Où rien ne manque.	complet	615
㊵ Il y a très longtemps.	autrefois	630
㊶ Avoir envie de quelque chose.	désirer	627
㊷ Grande construction.	bâtiment	576
㊸ Papier d'identité qui a la forme d'un petit carnet et qui permet de voyager à l'étranger.	passeport	567

語義	解答	連番
44 Faire entendre un tintement.	sonner	640
45 Construction verticale qui forme un côté d'un bâtiment ou qui sert à fermer un espace.	mur	583
46 Établissement scolaire où vont les élèves après l'école élémentaire.	collège	599
47 Moment où un bébé ou un animal vient au monde.	naissance	571
48 Grand magasin dans lequel le client se sert lui-même, muni d'un chariot, et paie à une des nombreuses caisses.	supermarché	578
49 Ne pas avoir assez d'une chose.	manquer	600
50 Qui correspond uniquement à une personne ou à une chose.	spécial	639
51 Dire les nombres dans l'ordre.	compter	572
52 Qui a beaucoup de lumière, qui est presque blanc.	clair	569
53 Vêtement à manches longues ou courtes qui couvre le haut du corps et qui est ouvert devant.	veste	565
54 Qui n'est pas semblable aux autres lorsqu'on fait une comparaison.	différent	612
55 Émission à la radio, à la télévision ou article de journal qui annonce le temps qu'il fera dans les jours à venir.	météo	638
56 Où il n'y a pas de bruit, où tout est calme.	tranquille	573
57 Nombre obtenu après une addition.	somme	623
58 Qui ont un grand âge.	ancien	584
59 Amener quelque chose vers soi ou la traîner derrière soi.	tirer	590
60 Ensemble des individus ou des choses qui ont des caractéristiques communes qui les distingue des autres.	espèce	589
61 Qui n'a pas l'esprit calme, qui se fait du souci.	inquiet	631
62 Véhicule à deux roues et à moteur pouvant transporter une ou deux personnes.	moto	632
63 Quitter le lieu où on se trouve, devenir absent.	disparaître	574
64 Ville où se trouve le gouvernement du pays.	capitale	626

語義	解答	連番
⑥⑤ Vêtement en tissu pour le haut du corps, avec des manches et des boutons devant.	chemise	619
⑥⑥ Se rappeler une personne, une chose que l'on voit.	reconnaître	594
⑥⑦ Activité physique.	exercice	618
⑥⑧ Faire savoir quelque chose.	annoncer	607
⑥⑨ Conseiller vivement quelque chose, insister sur les mérites de quelqu'un.	recommander	575
⑦⓪ Un petit moment.	instant	616
⑦① Faire une erreur, confondre des choses ou des personnes.	se tromper	604
⑦② Faute commise dans un raisonnement ou dans un jugement.	erreur	606
⑦③ Ce que l'on met sur son corps pour le protéger.	vêtement	621
⑦④ Prendre ce qui appartient à une autre personne sans son accord.	voler	593
⑦⑤ Ne pas arriver à se décider, être incertain.	hésiter	629
⑦⑥ Qui n'est pas comme d'habitude, qui étonne.	bizarre	603
⑦⑦ Donner un coup ou des coups à quelque chose ou quelqu'un.	frapper	592
⑦⑧ Unité de mesure de la température.	degré	605
⑦⑨ Artiste qui joue dans un film ou une pièce de théâtre.	acteur	601
⑧⓪ Partie antérieure du corps humain située au-dessous de la taille.	ventre	610

Étape 9

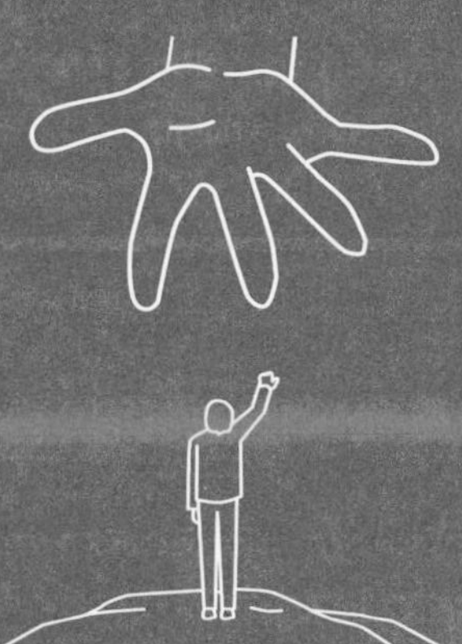

Aide-toi et le ciel t'aidera.
天は自ら助くる者を助く。

□□□ 641

tort

/ tɔr /

間違い

男《avoir tort》Se tromper.

間違える

例 Tu as **tort** de penser que tu vis seul.

君が一人で生きていると考えるのは間違っている。

□□□ 642

discuter

/ diskyte /

議論する

自 Parler avec d'autres personnes, chacun disant ce qu'il pense sur un sujet.

各々がある主題について考えを述べつつ、他の人々と話す

≒ bavarder

女 discussion 討論

例 Denis et Jeanne **ont discuté** de leurs projets pour les vacances d'été.

ドゥニとジャンヌは夏休みの計画について話し合った。

□□□ 643

doigt

/ dwa /

指

男 Partie allongée qui termine les mains et les pieds.

手足の末端にある細長い部分

allongé, *e* 細長い

例 Ils laissent leur bébé manger avec les **doigts**.

彼らは赤ん坊が指で食べるのを放っておいている。

□□□ 644

mouchoir

/ muʃwar /

ハンカチ、鼻紙

男 Carré de tissu fin ou de papier qui sert à se moucher.

鼻をかむのに使われる、四角い薄手の布あるいは紙

carré 正方形、四角いもの　se moucher 鼻をかむ

例 Il a prêté son **mouchoir** à Claire qui pleure.

彼は泣いているクレールに自分のハンカチを貸した。

645

étrange / etrɑ̃ʒ / 奇妙な、不思議な

形 **Qui ne semble pas normal.** 正常に見えない

≒ bizarre; curieux, *se*

副 étrangement 奇妙に、不思議に

例 Le vieil homme lui a raconté une histoire **étrange**. 老人は彼女に不思議な話をした。

646

neiger / neʒe / 雪が降る

非 **《il neige》Il tombe de la neige.** 雪が落ちてくる

女 neige 雪

例 Il **neige** beaucoup en hiver ici. ここでは冬に雪がたくさん降る。

647

défendre / defɑ̃dr / 〜を守る

他 **① Protéger quelqu'un ou quelque chose contre le danger.** 誰かあるいは何かを危険から保護する

≒ secourir

⇔ attaquer

女 défense 防衛　形 défensif, *ve* 防衛の

例 Les armées **défendent** les pays contre les ennemis. 軍隊は敵から国を守る。

〜を禁じる

② Interdire de faire quelque chose. 何かを行うことを禁止する

⇔ autoriser à; permettre de

例 Le médecin me **défend** de fumer. 私は医者から喫煙を禁じられている。

□□□ 648

fourchette

/ furʃɛt / フォーク

女 Couvert qui a des dents et un manche, qui sert à piquer les aliments.

食べ物を刺すために使われる、歯と持ち手のある食卓用品

couvert 食卓用品 **piquer** ～を刺す

例 L'enfant ne peut pas encore bien utiliser la **fourchette**.

その子どもはまだ上手にフォークが使えない。

□□□ 649

jambe

/ ʒɑ̃b / 脚

女 Partie du corps qui va de la hanche au pied.

腰から足に至る体の部分

hanche 腰、ヒップ

例 Virginie a de longues **jambes**.

ヴィルジニーは脚が長い。

□□□ 650

construire

/ kɔ̃strɥir / ～を建てる

他 Édifier quelque chose de manière rigoureuse, en suivant un plan.

計画に従って何かを厳密に構築する

édifier ～を築き上げる、構築する

≒ bâtir ⇔ démolir; détruire

女 construction 建築、建設 形 constructi*f*, *ve* 建設的な

例 La ville **a construit** un nouveau pont sur la rivière.

市はその川に新しい橋を建造した。

□□□ 651

gant

/ gɑ̃ / 手袋

男 Vêtement qui recouvre la main et enveloppe chaque doigt.

手を覆い、各指を包む衣類

recouvrir ～を覆う

例 Tu peux garder tes mains chaudes avec ces **gants**.

この手袋は手が温まるよ。

652

doux, *ce* / du, dus / 心地よい、柔らかい

形 **Qui est agréable à voir, à entendre, à sentir ou à toucher.**
見たり、聞いたり、嗅いだり、触れたりして心地よい

⇔ brutal, *e*; dur, *e*

ⓘ「〈気候が〉温暖な」という意味もあり、Il fait doux.で「暖かくて気持ちのよい陽気だ」という意味。

例 Elle adore l'odeur **douce** de ce parfum.
彼女はこの香水の芳香が大好きだ。

653

immeuble / imœbl / （大きな）建物、ビル

男 **Bâtiment de plusieurs étages.**
複数階の建物

例 Le plus grand **immeuble** de la ville a 50 étages.
町で一番高いビルは50階建てだ

654

fier, *ère* / fjɛr / 誇りに思う

形 ① **Qui est content de quelqu'un, de quelque chose.**
人やものに満足している

副 fièrement 高慢に；誇りをもって

例 Cet hôtel est **fier** de la cuisine du chef.
このホテルはシェフの料理が自慢だ。

プライドが高い

② **Qui se croit supérieur aux autres.**
自分が他人よりも優れていると信じている

例 Ce professeur d'université est très **fier**.
その大学教授はとてもプライドが高い。

□□□ 655

machine

/ maʃin / 機械

女 **Appareil qui peut effectuer un travail ou le rendre plus facile.**

作業を実行したり作業をより容易にしたりする器具

effectuer ～を行う、実行する

例 Notre **machine** à laver ne fonctionne plus.

わが家の洗濯機はもう動かない。

□□□ 656

se marier

/ sə marje / 結婚する

代動 **Se lier à quelqu'un par le mariage.**

結婚によって誰かと結ばれる

se lier 結ばれる

男 mariage 結婚

例 Ils **se sont mariés** très jeunes.

彼らはとても若くして結婚した。

□□□ 657

pâtissi*er*, *ère*

/ patisje, -sjɛːr / ケーキ職人、パティシエ

名 **Personne dont le métier est de fabriquer et vendre des gâteaux.**

ケーキを作って売ることを仕事としている人

女 pâtisserie 菓子、ケーキ

例 Ce **pâtissier** fait d'excellents gâteaux.

このパティシエは素晴らしいケーキを作る。

□□□ 658

tradition

/ tradisjɔ̃ / 伝統

女 **Manière de vivre et de penser qui existe et se transmet depuis longtemps dans une région ou un pays.**

地域や国に古くから存在し、受け継がれてきた生き方や考え方

transmettre ～を伝える、伝達する

形 traditionnel, *le* 伝統的な

例 Ce magasin vend depuis des années des meubles de **tradition** régionale.

この店は長年、地域の伝統的な家具を販売してきた。

□□□ 659

nation
/ nasjɔ̃ / 国家

女 **Grande communauté humaine établie sur un territoire et dirigée par un gouvernement.**

領土に設立され、政府によって管理される大規模な人間の共同体

communauté 共同体、コミュニティー

形 national, *e* 国家の

例 L'Organisation des **Nations** Unies a été créée en 1945. 国連は1945年に設立された。

□□□ 660

couloir
/ kulwar / 廊下

男 **Long passage qui permet d'aller d'une pièce à l'autre dans une maison.**

家のある部屋から別の部屋に行くことを可能にする長い通路

≒ corridor

例 Notre chambre est au fond du **couloir** à gauche. 私たちの部屋は廊下の突き当たりの左側にある。

□□□ 661

conseiller
/ kɔ̃sɛje / ～を勧める

他 **Donner un conseil, un avis.**

アドバイス、意見を与える

conseil アドバイス

≒ recommander

⇔ déconseiller

男 conseil 忠告

例 On va au restaurant qu'il nous **a conseillé**. 彼が勧めてくれたレストランに行こう。

□□□ 662

prénom
/ prenɔ̃ / ファーストネーム、名前

男 **Nom qui vient avant le nom de famille.**

姓の前に来る名

例 Je ne me souviens pas de son **prénom**. 私は彼の名を覚えていない。

662語

663

interdire / ɛ̃terdir / ～を禁止する

他 **Ordonner de ne pas faire quelque chose.** 何かをしないよう命令する

ordonner de ＋ *inf.* ～するよう命令する

≒ empêcher

⇔ autoriser; permettre

女 interdiction 禁止　形 interdit, *e* 禁じられた

例 Il **est interdit** de fumer à l'intérieur du bâtiment. 館内での喫煙は禁じられています。

664

actif, *ve* / aktif, -tiv / 活発な

形 **Qui fait beaucoup de choses.** 多くのことをする

≒ dynamique; énergique

例 Ma fille est très **active**. 私の娘はとても活動的だ。

665

sommet / sɔmmɛ / 頂上、てっぺん

男 **Point le plus haut d'un arbre, d'une montagne, d'un immeuble, etc.** 木、山、建物などの最高点

≒ cime

例 Nous sommes montés au **sommet** de la montagne. 私たちは山の頂上に登った。

666

confiture / kɔ̃fityr / ジャム

女 **Mélange de fruits cuits et de sucre.** 煮た果物と砂糖の混合物

例 J'aime manger du pain avec de la **confiture**. 私はパンにジャムをつけて食べるのが好きだ。

□□□ 667

bouger

/ buʒe / 動く、身動きする

自 **Faire des mouvements.**

動きをなす

≒ remuer

例 Les mains de cette poupée **bougent**.

この人形の手は動く。

□□□ 668

appareil

/ aparɛj / 装置

男 **Machine formée de plusieurs parties, qui a un usage bien précis.**

特定の用途を持つ、複数の部品で構成された機械

ⓘ「カメラ」や「電話」を表すこともある。

例 Notre magasin vend des **appareils** électriques.

私たちの店では電気機器を扱っている。

□□□ 669

salon

/ salɔ̃ / 応接間

男 **Pièce de la maison ou de l'appartement meublée de canapés ou de fauteuils, où l'on se repose ou reçoit les invités.**

休んだり、客を迎えたりするための、ソファーやひじ掛けいすのある、一戸建ての家やアパルトマンの部屋

meublé, *e* 備わった　**canapé** ソファー
fauteuil ひじ掛けいす　**invité, *e*** 客、招待客

ⓘ salon de thé（喫茶店）のような使い方もある。

例 Après le dîner nous sommes passés au **salon** pour écouter de la musique.

夕食後、私たちは音楽を聞くために応接間に移った。

□□□ 670

couvrir

/ kuvrir / ～を覆う

他 **Placer quelque chose sur un objet ou une personne pour protéger ou cacher.**

保護したり隠したりするために、ものあるいは人の上に何かを置く

形 **couvert, *e*** 曇った

例 Tout le jardin était **couvert** de neige.

庭全体が雪で覆われていた。

☐☐☐ 671

sauver

/ sove / ～を救う、助ける

㊉ **Faire échapper quelqu'un ou un animal à un grave danger.**

人や動物を深刻な危険から逃れさせる

échapper à ～から逃れる

男 sauvetage 救助、救命

例 Trois personnes **ont été sauvées** par les pompiers dans cet incendie.

この火事で3人が消防士に救助された。

☐☐☐ 672

imaginer

/ imaʒine / ～を想像する

他 **Inventer, avoir l'idée de quelque chose.**

何かを思いつく、何かについて考えを持つ

女 imagination 想像力　形 imaginaire 空想上の

例 Je ne peux pas **imaginer** mon frère devenir acteur.

私は弟が役者になることが想像できない。

☐☐☐ 673

bière

/ bjɛr / ビール

女 **Boisson amère qui contient de l'alcool, fabriquée avec de l'orge.**

大麦で作られた、アルコール入りの苦い飲み物

amer, *ère* 苦い　**orge** 大麦

例 Mon père boit de la **bière** avant le dîner.

父は夕食の前にビールを飲む。

☐☐☐ 674

couteau

/ kuto / ナイフ

男 **Ustensile de cuisine qui sert à couper.**

切るのに使われる台所用品

ustensile 器具

ⓘ 複数形はcouteaux。

例 Coupez le fromage avec ce **couteau**.

このナイフでチーズを切ってください。

□□□ 675

remercier

/ rəmɛrsje / ～に感謝する

他 **Dire merci.**

ありがとうを言う

男 remerciement 感謝

例 Je vous **remercie** de votre gentillesse.

あなたのご親切に感謝します。

□□□ 676

retraite

/ rətrɛt / 引退、(定年)退職

女 **Fait de cesser de travailler lorsqu'on a atteint un nombre d'années suffisant.**

十分な年数に達して仕事を辞めること

suffisant, *e* 十分な

形 retraité, *e* (定年で)退職した

例 Il a pris sa **retraite** l'année dernière.

彼は去年、定年退職した。

□□□ 677

pur, *e*

/ pyr / 純粋な

形 **Qui est sans mélange.**

混じりけのない

副 purement 純粋に　女 pureté 純粋さ

例 Elle a un cœur **pur** comme celui d'un enfant.

彼女は子どものような純粋な心を持っている。

□□□ 678

aquarium

/ akwarjɔm / 水族館

男 **Bâtiment où on peut voir différentes sortes de poissons ou d'animaux marins.**

さまざまな種類の魚や海洋動物を見ることができる建物

marin, *e* 海の、海に生息する

例 On peut voir beaucoup de poissons rares dans cet **aquarium**.

その水族館では多くの珍しい魚を見ることができる。

□□□ 679

banc
/ bɑ̃ / ベンチ

男 **Siège étroit pour plusieurs personnes.**

数人用の幅の狭い腰掛け

例 Un homme lit un livre sur le **banc**.

男性がベンチで本を読んでいる。

□□□ 680

revue
/ rəvy / 雑誌

女 **Magazine hebdomadaire, mensuel ou trimestriel, généralement illustré.**

ふつう図版の入った、週刊、月刊、または季刊の雑誌

hebdomadaire 毎週の　**mensuel, *le*** 毎月の
trimestriel, *le* 四半期ごとの　**illustré, *e*** 図版入りの

例 Elle adore lire des **revues** de mode.

彼女はファッション誌を読むのが好きだ。

□□□ 681

debout
/ dəbu / 立って

副 **Qui se tient droit sur ses jambes.**

両足で支えてまっすぐな姿勢をとった

⇔ assis, *e*

ⓘ place debout（立ち見席）のような形容詞的な使い方もある。

例 Tu ne peux pas manger **debout**.

立ったまま食べてはいけません。

□□□ 682

admirer
/ admire / ～に感嘆する

他 **Penser qu'une chose ou une personne est belle et a de grandes qualités.**

ものや人が美しく、素晴らしい性質を持っていると考える

女 admiration 感嘆、称賛

例 D'ici on peut **admirer** la mer.

ここからは海の眺望を満喫できる。

683

match
/ matʃ / 試合

男 **Compétition sportive qui oppose deux personnes ou deux équipes.**

2人または2チームが対戦するスポーツ競技

sportif, *ve* スポーツの　**opposer** ～を対戦させる
équipe チーム

例 Il a perdu le **match** de tennis.

彼はテニスの試合に負けた。

684

avancer
/ avɑ̃se / 前進する、進む

自 **Aller vers l'avant.**

前方に向かって進む

男 avancement 進展、進行　形 avancé, *e* 進んだ；進歩した

例 Le bateau **avançait** lentement sur le lac.

ボートは湖の上をゆっくりと進んでいた。

685

fabriquer
/ fabrike / ～を作る、製造する

他 **Faire un objet à partir d'une matière.**

材料からものを作る

女 fabrication 製造

例 Cette usine **fabrique** mille chaises par jour.

この工場は1日に1,000脚のいすを製造している。

686

magnifique
/ maɲifik / 素晴らしい、見事な

形 **Qui est d'une grande beauté.**

大変な美しさの

beauté 美しさ

例 Ils ont admiré le **magnifique** paysage autour du grand lac.

彼らは大きな湖の周りの壮大な風景に見とれた。

□□□ 687

instrument / ɛ̃strymɑ̃ / 道具

男 ① Objet qui sert à faire un travail.

仕事を行うために使われるもの

例 Il y a divers **instruments** dans la salle des sciences.

理科室にはさまざまな器具がある。

楽器

② Objet qui sert à produire de la musique.

音楽を生み出すために使われるもの

ⓘ instrument de musiqueの略。

例 Romane sait jouer de plusieurs **instruments**.

ロマーヌはいくつもの楽器を演奏することができる。

□□□ 688

détruire / detrɥir / ～を破壊する

他 Casser quelque chose complètement, réduire quelque chose en miettes.

何かを完全に壊す、何かを粉々にする

réduire A en miettes Aを粉々にする

≒ démolir; dévaster; ravager

⇔ construire

女 destruction 破壊　形 destructif, *ve* 破壊的な

例 Le tremblement de terre **a détruit** de nombreux bâtiments.

地震で多くの建物が破壊された。

□□□ 689

absent, *e* / apsɑ̃, -sɑ̃t / 不在で

形 Qui n'est pas là.

そこにいない

⇔ présent

男 absence 不在、欠席

例 Ken est **absent** depuis hier.

ケンは昨日から欠席している。

□□□ 690

enveloppe
/ ɑ̃vlɔp / 封筒

女 **Papier plié dans lequel on met une lettre avant de l'expédier.**

発送する前に手紙を入れる折りたたまれた紙

plier ～を折りたたむ　**expédier** ～を発送する

他 envelopper ～を包む

例 Alice a mis la lettre qu'elle avait écrite hier dans une **enveloppe**.

アリスは昨日書いた手紙を封筒に入れた。

□□□ 691

parfum
/ parfɛ̃ / 香水

男 **Liquide à base d'alcool, à l'odeur agréable que l'on utilise sur soi pour sentir bon.**

よいにおいがするように自分につけて使う、アルコールを主成分にした心地よい香りの液体

à base de ～を主成分にした

例 Ce **parfum** est trop fort pour moi.

この香水は私には強すぎる。

□□□ 692

peser
/ pəze / 重さがある

自 **Avoir tel poids.**

何らかの重さを有する

例 Je **pèse** 65 kilos.

私の体重は65キロだ。

□□□ 693

morceau
/ mɔrso / 一切れ

男 **Partie d'une chose qui a été divisée.**

分割されたものの部分

diviser ～を分割する

ⓘ 複数形はmorceaux。「(芸術)作品、曲」という意味もある。

例 J'ai donné un **morceau** de pain aux oiseaux.

私は鳥たちにパンのかけらをやった。

□□□ 694

costume
/ kɔstym / スーツ

男 **Vêtement d'homme composé d'un pantalon et d'un veston.**

ズボンとジャケットからなる紳士服

veston ジャケット

例 Le **costume** gris te va bien.

そのグレーのスーツは君によく似合うね。

□□□ 695

profiter
/ prɔfite / 〜から利益を得る

自 **Utiliser une situation à son avantage.**

自分に有利になるように状況を利用する

avantage 有利、優位

男 profit 利益

例 **Profitez** bien de vos vacances.

休暇を満喫してください。

□□□ 696

souhaiter
/ swɛte / 〜を願う、祈る

他 **Désirer que quelque chose arrive.**

何かが起きることを欲する

男 souhait 願い、願望

例 Nous vous **souhaitons** une heureuse année.

私たちはあなたの幸せな一年をお祈りします。

□□□ 697

avocat, *e*
/ avɔka, -kat / 弁護士

名 **Personne qui aide les personnes à se défendre lors d'un procès.**

裁判で人が自分を弁護するのを助ける人物

procès 裁判

例 Vous devriez consulter un **avocat**.

あなたは弁護士に相談するべきでしょう。

698

confortable / kɔ̃fɔrtabl / （場所などが）快適な

形 **Où l'on est bien.** 人が心地よく感じる

男 confort 安楽 副 confortablement 心地よく

例 Ce lit est extrêmement **confortable**. このベッドはきわめて寝心地がいい。

699

cahier / kaje / ノート

男 **Ensemble de feuilles de papier attachées et protégées par une couverture.** カバーによって保護され、とじられた一組の紙

例 Elle a écrit cette idée-là sur son **cahier**. 彼女はそのアイデアをノートに書き留めた。

700

amusant, *e* / amyzɑ̃, -zɑ̃t / 面白い、愉快な

形 **Qui distrait agréablement en étant drôle.** 面白くて気晴らしになる

drôle 面白い

≒ divertissant, *e*; plaisant, *e*

⇔ ennuyeux, *se*

例 C'est **amusant** de faire du shopping avec des amis. 友だちとショッピングをするのは楽しい。

701

concours / kɔ̃kur / コンテスト

男 **Sorte d'examen où les candidats sont classés selon les notes obtenues.** 得られた点数で候補者を分類する種類の試験

candidat 候補者

例 Jeanne a gagné le premier prix au **concours** de piano. ジャンヌはピアノのコンクールで一等賞をとった。

701語

702

suffire / syfir / 十分である、足りる

自 **Être en quantité satisfaisante.** 満足な量がある

形 suffisant, *e* 十分な　副 suffisamment 十分に

例 Une heure **suffirait** pour lire ce livre. この本を読むには1時間で足りるだろう。

703

porc / pɔr / 豚

男 **Animal à peau rose, noire ou grise et à museau carré, que l'on élève pour sa chair et sa peau.** 肉と皮のために飼育される、ピンク、黒、または灰色の皮膚と角ばった鼻づらを持つ動物

gris, *e* 灰色の　museau 鼻づら

≒ cochon

例 Mon voisin élève un **porc** noir dans un coin de son jardin. 私の隣人は庭の一角で黒い豚を育てている。

704

savon / savɔ̃ / せっけん

男 **Produit plus ou moins gras et moussant qui sert à laver.** 洗浄に使われる、多少粘り気のある泡立つ製品

mousser 泡立つ

他 savonner ～をせっけんで洗う

例 Je me suis lavé les mains avec du **savon**. 私はせっけんで手を洗った。

705

librairie / librɛri / 書店

女 **Magasin où l'on vend des livres.** 本を販売する店

例 On trouve de bons livres dans cette **librairie**. この書店にはいい本がある。

□□□ 706

délicieux, se　/ delisjø, -sjøz /　おいしい

形 Qui est très bon, qui est charmant.　とてもおいしく、魅力的な

charmant, *e* 魅力的な

≒ exquis, *e*; savoureux, *se*

⇔ infect, *e*

例 Le curry de ce restaurant est **délicieux**.　このレストランのカレーはとてもおいしい。

□□□ 707

étoile　/ etwal /　星

女 Astre brillant dans le ciel, la nuit.　夜、空に輝く天体

ⓘ 英語のstar同様、「恒星」を指し、「惑星」はplanèteと言う。

例 Vous pouvez bien voir les **étoiles** ce soir.　今夜は星がよく見えますよ。

□□□ 708

organiser　/ ɔrganize /　～を企画する、準備する

他 ① Préparer une action de façon précise.　的確な仕方で活動を準備する

女 organisation 組織

例 Il **a organisé** une fête hier soir.　彼は昨夜パーティーを開いた。

～を組織する

② Disposer les éléments d'un ensemble pour en assurer le bon fonctionnement.　よい機能を確保するために全体の諸要素を配置する

assurer ～を確保する　**fonctionnement** 機能

例 La société **a organisé** différemment les bureaux du département des ventes.　その会社は販売部門の営業所を編成し直した。

□□□ 709

lac

/ lak / 湖

男 **Grande étendue d'eau.**

広大な水域

例 Les garçons nagent dans le **lac**.

少年たちが湖で泳いでいる。

□□□ 710

cuillère

/ kɥijɛr / スプーン

女 **Couvert formé d'un manche et d'une partie creuse et arrondie.**

持ち手とくぼんだ丸い部分で形成された食卓用品

arrondi, ***e*** 丸い、丸くなった

例 On mange de la soupe avec une **cuillère**.

スープはスプーンを使って飲む。

□□□ 711

lutter

/ lyte / 戦う、闘う

自 **Se battre contre quelqu'un ou quelque chose.**

誰かまたは何かと戦う

女 lutte 闘争

例 Le poète **lutte** contre le sommeil pour achever le poème.

詩人は詩を完成させるために眠気と闘っている。

□□□ 712

violon

/ vjɔlɔ̃ / バイオリン

男 **Instrument de musique en bois, à quatre cordes que l'on frotte avec un archet pour obtenir les sons.**

弓でこすって音を出す4弦の木製楽器

frotter ～をこする　**archet** 弓

ⓘ「バイオリニスト」はvioloniste と言う。

例 La leçon de **violon** commence à cinq heures.

バイオリンのレッスンは5時に始まる。

713
nationalité / nasjɔnalite / 国籍

女 **Appartenance d'une personne à la population d'un État.**
ある人の、ある国民への帰属

appartenance 所属、帰属

例 Vous êtes de **nationalité** française?
あなたはフランス国籍ですか。

714
lent, *e* / lɑ̃, lɑ̃t / 遅い

形 **Qui ne va pas vite.**
速く進まない

⇔ rapide; prompt, *e*

副 lentement ゆっくりと

例 Il a choisi de la musique **lente** pour la soirée.
彼はパーティーにゆったりとした音楽を選んだ。

715
miroir / mirwar / 鏡

男 **Plaque de verre faite pour refléter les images.**
像を映すために作られたガラスの板

plaque 板、板状のもの **refléter** 〈姿・像など〉を映す

例 J'ai un grand **miroir** dans ma chambre.
私の部屋には大きな鏡がある。

716
pharmacie / farmasi / 薬局

女 **Magasin où l'on vend des médicaments et des produits pour le corps.**
薬品や身体用の製品を販売する店

例 J'ai acheté des masques à la **pharmacie**.
私は薬局でマスクを買った。

716語

□□□ 717

se moquer / sə mɔke / からかう、ばかにする

代動 **Rire à propos de quelqu'un en le rendant ridicule.**

誰かをばかにして笑う

ridicule ばかげている

女 moquerie あざけり

例 Vous **vous moquez** de moi?

あなたは私をばかにしていますか。

□□□ 718

promettre / prɔmɛtr / ～を約束する

他 **Affirmer qu'on va faire quelque chose.**

何かをするつもりだと断言する

affirmer ～を断言する

女 promesse 約束

例 Je vous **promets** de revenir ici l'année prochaine.

私はあなたたちに来年ここにまた来ることを約束します。

□□□ 719

refuser / rəfyze / ～を拒む、断る

他 **Ne pas vouloir faire quelque chose, ne pas accepter.**

何かをしたくない、受け入れない

男 refus 拒否、拒絶

例 Vous avez le droit de **refuser** cette proposition.

あなたにはこの提案を拒否する権利があります。

□□□ 720

excellent, *e* / ɛksɛlɑ̃, -lɑ̃t / 優れた

形 **Qui est très bon.**

とてもよい

女 excellence 優れていること 自 exceller 優れる、卓越する

例 Elle a un **excellent** niveau en russe.

彼女のロシア語のレベルは素晴らしい。

章末ボキャブラリーチェック

次の語義が表すフランス語の語句を答えてください

語義	解答	連番
❶ Grande étendue d'eau.	lac	709
❷ Manière de vivre et de penser qui existe et se transmet depuis longtemps dans une région ou un pays.	tradition	658
❸ Qui ne va pas vite.	lent	714
❹ Qui ne semble pas normal.	étrange	645
❺ 《avoir ----》 Se tromper.	tort	641
❻ Se lier à quelqu'un par le mariage.	se marier	656
❼ Qui n'est pas là.	absent	689
❽ Qui est d'une grande beauté.	magnifique	686
❾ Vêtement qui recouvre la main et enveloppe chaque doigt.	gant	651
❿ Long passage qui permet d'aller d'une pièce à l'autre dans une maison.	couloir	660
⓫ Plaque de verre faite pour refléter les images.	miroir	715
⓬ Couvert qui a des dents et un manche, qui sert à piquer les aliments.	fourchette	648
⓭ Avoir tel poids.	peser	692
⓮ Ustensile de cuisine qui sert à couper.	couteau	674
⓯ Donner un conseil, un avis.	conseiller	661
⓰ Objet qui sert à faire un travail.	instrument	687
⓱ Ordonner de ne pas faire quelque chose.	interdire	663
⓲ Être en quantité satisfaisante.	suffire	702
⓳ Nom qui vient avant le nom de famille.	prénom	662
⓴ Parler avec d'autres personnes, chacun disant ce qu'il pense sur un sujet.	discuter	642
㉑ Magasin où l'on vend des médicaments et des produits pour le corps.	pharmacie	716
㉒ Ne pas vouloir faire quelque chose, ne pas accepter.	refuser	719

語義	解答	連番
㉓ Protéger quelqu'un ou quelque chose contre le danger.	défendre	647
㉔ Qui distrait agréablement en étant drôle.	amusant	700
㉕ Faire échapper quelqu'un ou un animal à un grave danger.	sauver	671
㉖ Partie du corps qui va de la hanche au pied.	jambe	649
㉗ Rire à propos de quelqu'un en le rendant ridicule.	se moquer	717
㉘ Qui fait beaucoup de choses.	actif	664
㉙ Bâtiment où on peut voir différentes sortes de poissons ou d'animaux marins.	aquarium	678
㉚ Machine formée de plusieurs parties, qui a un usage bien précis.	appareil	668
㉛ Désirer que quelque chose arrive.	souhaiter	696
㉜ Personne dont le métier est de fabriquer et vendre des gâteaux.	pâtissier	657
㉝ Utiliser une situation à son avantage.	profiter	695
㉞ Dire merci.	remercier	675
㉟ Bâtiment de plusieurs étages.	immeuble	653
㊱ Appartenance d'une personne à la population d'un État.	nationalité	713
㊲ Appareil qui peut effectuer un travail ou le rendre plus facile.	machine	655
㊳ Affirmer qu'on va faire quelque chose.	promettre	718
㊴ Astre brillant dans le ciel, la nuit.	étoile	707
㊵ Animal à peau rose, noire ou grise et à museau carré, que l'on élève pour sa chair et sa peau.	porc	703
㊶ Pièce de la maison ou de l'appartement meublée de canapés ou de fauteuils, où l'on se repose ou reçoit les invités.	salon	669
㊷ Où l'on est bien.	confortable	698
㊸ Vêtement d'homme composé d'un pantalon et d'un veston.	costume	694
㊹ Placer quelque chose sur un objet ou une personne pour protéger ou cacher.	couvrir	670

語義	解答	連番
㊺ Siège étroit pour plusieurs personnes.	banc	679
㊻ Magazine hebdomadaire, mensuel ou trimestriel, généralement illustré.	revue	680
㊼ Aller vers l'avant.	avancer	684
㊽ Instrument de musique en bois, à quatre cordes que l'on frotte avec un archet pour obtenir les sons.	violon	712
㊾ Partie allongée qui termine les mains et les pieds.	doigt	643
㊿ Faire un objet à partir d'une matière.	fabriquer	685
51 Compétition sportive qui oppose deux personnes ou deux équipes.	match	683
52 Préparer une action de façon précise.	organiser	708
53 Casser quelque chose complètement, réduire quelque chose en miettes.	détruire	688
54 Qui est agréable à voir, à entendre, à sentir ou à toucher.	doux	652
55 Qui est très bon, qui est charmant.	délicieux	706
56 Point le plus haut d'un arbre, d'une montagne, d'un immeuble, etc.	sommet	665
57 Couvert formé d'un manche et d'une partie creuse et arrondie.	cuillère	710
58 Liquide à base d'alcool, à l'odeur agréable que l'on utilise sur soi pour sentir bon.	parfum	691
59 Qui est sans mélange.	pur	677
60 Fait de cesser de travailler lorsqu'on a atteint un nombre d'années suffisant.	retraite	676
61 Qui est content de quelqu'un, de quelque chose.	fier	654
62 Partie d'une chose qui a été divisée.	morceau	693
63 Mélange de fruits cuits et de sucre.	confiture	666
64 Il tombe de la neige.	neiger	646
65 Ensemble de feuilles de papier attachées et protégées par une couverture.	cahier	699
66 Produit plus ou moins gras et moussant qui sert à laver.	savon	704

語義	解答	連番
(67) Qui est très bon.	excellent	720
(68) Magasin où l'on vend des livres.	librairie	705
(69) Grande communauté humaine établie sur un territoire et dirigée par un gouvernement.	nation	659
(70) Inventer, avoir l'idée de quelque chose.	imaginer	672
(71) Penser qu'une chose ou une personne est belle et a de grandes qualités.	admirer	682
(72) Se battre contre quelqu'un ou quelque chose.	lutter	711
(73) Carré de tissu fin ou de papier qui sert à se moucher.	mouchoir	644
(74) Boisson amère qui contient de l'alcool, fabriquée avec de l'orge.	bière	673
(75) Qui se tient droit sur ses jambes.	debout	681
(76) Personne qui aide les personnes à se défendre lors d'un procès.	avocat	697
(77) Sorte d'examen où les candidats sont classés selon les notes obtenues.	concours	701
(78) Édifier quelque chose de manière rigoureuse, en suivant un plan.	construire	650
(79) Faire des mouvements.	bouger	667
(80) Papier plié dans lequel on met une lettre avant de l'expédier.	enveloppe	690

Étape 10

Paris n'a pas été bâti en un jour.
パリは一日にして成らず。

□□□ 721

poche

/ pɔʃ / ポケット

女 **Partie d'un vêtement où l'on peut mettre des objets.**

ものを入れることができる衣服の部分

例 Elle a sorti des bonbons de sa **poche**.

彼女はポケットからキャンディーを取り出した。

□□□ 722

grève

/ grɛv / ストライキ

女 **Arrêt volontaire du travail décidé par des salariés pour obtenir quelque chose ou pour protester.**

何かを得るため、または抗議するために従業員が決定する、自発的な仕事の停止

volontaire 自発的な　**salarié** 従業員　**protester** 抗議する

例 Les employés de l'entreprise se sont mis en **grève**.

会社の従業員たちはストに入った。

□□□ 723

couverture

/ kuvɛrtyr / 毛布

女 ① **Grand tissu en laine que l'on met sur le lit pour avoir chaud.**

保温のためにベッドに置く大きなウール生地

laine 羊毛、ウール

例 Il fait froid aujourd'hui, je veux une **couverture**.

今日は寒いから、毛布が欲しい。

表紙

② **Feuille de carton épais qui recouvre un livre.**

本を覆う厚紙

例 Cette actrice apparaît souvent en **couverture** de magazines.

この女優はよく雑誌の表紙に載っている。

724

se baigner / sə beɲe / 水浴をする

代動 **Se mettre dans l'eau pour nager ou pour s'amuser.**

水に入って泳いだり楽しんだりする

男 bain 水浴

例 Il fait trop froid pour **se baigner**.

泳ぐには寒すぎる。

725

ravi, *e* / ravi / とてもうれしい

形 **Très heureux, très content.**

とても幸せな、とても満足した

≒ enchanté, *e*

例 Je suis **ravie** de vous connaître.

お会いできてうれしいです。

726

remplacer / rɑ̃plase / ～を取り換える

他 ① **Mettre une chose à la place d'une autre.**

あるものを別のものの代わりに置く

男 remplacement 取り換え、交換

例 Nous devons **remplacer** les tatamis ce week-end.

私たちは今週末、畳を替えなければならない。

～と交代する

② **Faire un travail à la place de quelqu'un.**

誰かに代わって仕事をする

例 Je dois chercher quelqu'un qui me **remplace**.

私は自分の代わりを探さねばならない。

□□□ 727

existter

/ ɛgziste / 存在する、いる、ある

自 **Avoir une réalité, être.** 現実性がある、存在する

女 existence 存在

例 Le petit village n'**existe** plus. その小さな村は今はもう存在しない。

□□□ 728

épicerie

/ episri / 食料品店

女 **Magasin où l'on vend des produits d'alimentation.** 食品を販売する店

alimentation 食品

例 Tous les produits de cette **épicerie** sont frais. その食料品店の商品はどれも新鮮だ。

□□□ 729

empêcher

/ ɑ̃pɛʃe / 〈もの・こと〉を妨げる

他 ① **S'opposer à une action, gêner sa réalisation ou la rendre impossible.** ある行動に反対する、その実現を妨げる、またはそれを不可能にする

gêner ～を邪魔する

男 empêchement 差し支え

例 De grands arbres **empêchent** la vue à travers les fenêtres. 大きな木々が窓からの眺めを妨げている。

〈人〉が～するのを邪魔する

② **Ne pas permettre à quelqu'un de faire quelque chose.** 誰かが何かをできないようにする

例 De fortes pluies nous **ont empêchés** de partir. 強い雨で私たちは出発することができなかった。

730

distinguer
/ distɛ̃ge / ～を区別する、見分ける

他 **Remarquer une différence entre plusieurs personnes ou plusieurs choses.**
複数の人またはものの間の違いに気づく

remarquer ～に気づく

≒ reconnaître

女 distinction 区別

例 Clémence sait bien **distinguer** le goût de différents vins.
クレマンスはさまざまなワインの味を区別することができる。

731

mine
/ min / 顔色

女 **Aspect du visage d'une personne qui montre son état de santé.**
健康状態を示す、人の顔の様子

例 Tu as une mauvaise **mine**. Ça va?
顔色が悪いよ。大丈夫？

732

assiette
/ asjɛt / 皿

女 **Récipient rond qui peut être plat ou creux et dans lequel on met des aliments.**
平らなまたはくぼんだ、食品を入れる丸い容器

ⓘ「一皿［一人］分の料理」という意味もある。

例 Il sert la soupe dans l'**assiette**.
彼は皿にスープをよそっている。

733

herbe
/ ɛrb / 草

女 **Ensemble de plantes vertes à fine tige qui couvrent le sol.**
地面を覆う茎の細い緑色の植物の総体

例 Ce jardin est plein de mauvaises **herbes**.
この庭は雑草だらけだ。

□□□ 734

toit

/ twa / 屋根

男 **Partie qui recouvre et protège une maison ou un bâtiment.**

家や建物を覆って保護する部分

例 Notre **toit** est couvert de neige en hiver.

冬には家の屋根が雪で覆われる。

□□□ 735

égal, *e*

/ egal / 同様の、等しい

形 **Qui a la même importance, la même valeur, la même dimension.**

同じ重要性、同じ価値、同じ規模を持つ

≒ identique; semblable

⇔ inégal, *e*

他 égaler ～に等しい　女 égalité 等しさ

例 Aucun joueur de football n'est **égal** à lui.

彼に匹敵するサッカー選手はいない。

□□□ 736

gratuit, *e*

/ gratɥi, -tɥit / 無料の、ただの

形 **Que l'on obtient sans payer.**

お金を払わずに手に入る

副 gratuitement 無料で

例 Le petit déjeuner est **gratuit**.

朝食は無料です。

□□□ 737

étonnant, *e*

/ etɔnɑ̃, -nɑ̃t / 驚くべき

形 **Qui est une surprise.**

驚きである

≒ inattendu, *e*; surprenant, *e*

他 étonner ～を驚かせる　副 étonnamment 驚くほど

例 Sa technique au violon est **étonnante**.

彼のバイオリンのテクニックは驚くべきものだ。

□□□ 738

incroyable

/ ɛ̃krwajabl / 信じられない

形 **Qui étonne beaucoup, que l'on ne peut imaginer.**

非常に驚かせる、想像できない

≒ invraisemblable

⇔ plausible; vraisemblable

例 Son histoire de tour du monde est **incroyable**.

彼の世界一周の話は信じ難い。

□□□ 739

formidable

/ fɔrmidabl / 素晴らしい

形 **Que l'on admire, qui est extraordinaire.**

称賛されるような、並外れた

extraordinaire 並外れた

≒ sensationnel, *le*; admirable

副 formidablement 大変、ひどく

例 La vue depuis la fenêtre est **formidable**.

窓からの眺めが素晴らしい。

□□□ 740

prier

/ prije / 祈る

自 ① **Parler à Dieu ou à une divinité.**

神や神的なものに話しかける

divinité 神性、神的なもの

女 prière 祈り

例 Elle est entrée dans une église pour **prier**.

彼女は祈るために教会に入った。

依頼する

② **Demander en insistant.**

粘り強く頼む

ⓘ 〈prier de ＋不定詞〉で「～するよう依頼する」という意味。

例 Je vous **prie** d'attendre encore 10 minutes.

もう10分お待ちください。

□□□ 741

publier

/ pyblije / 〜を出版する

他 **Faire imprimer un texte dans un livre ou une revue pour le vendre.**

本や雑誌に文章を印刷して販売する

≒ éditer

女 publication 出版

例 Ce livre **a été publié** il y a cinq ans.

この本は5年前に出版された。

□□□ 742

ménage

/ menaʒ / （掃除などの）家事

男 **Ensemble des travaux qu'il faut faire pour qu'une maison soit propre et bien rangée.**

家を清潔で整理された状態にするために必要なすべての作業

例 Il fait le **ménage** tous les week-ends.

彼は毎週末、家の掃除をする。

□□□ 743

détester

/ detɛste / 〜が嫌いである

他 **Ne pas aimer quelque chose ou quelqu'un du tout.**

何かあるいは誰かがまったく好きではない

⇔ adorer

形 détestable 嫌な

例 Il **déteste** les lieux élevés.

彼は高いところが嫌いだ。

□□□ 744

lampe

/ lɑ̃p / 電灯

女 **Objet qui sert à éclairer.**

照らすためのもの

ⓘ 特に電気スタンドやフロアランプなどを指す。

例 Je ne vois rien, allumons la **lampe**.

何も見えない、電気スタンドをつけよう。

745

remplir / rɑ̃plir / ～を満たす

他 ① **Rendre quelque chose plein.** 何かをいっぱいにする

⇔ vider

形 rempli, *e* いっぱいの、満ちた　男 remplissage 満たすこと

例 Tous les verres sont **remplis** de vin. すべてのグラスはワインで満たされている。

～に記入する

② **Compléter un document en écrivant dans les espaces laissés en blanc.** 空白にされたスペースに書き込んで、文書を完成させる

例 Merci de **remplir** ce questionnaire. このアンケート用紙にご記入ください。

746

exposition / ɛkspozisjɔ̃ / 展覧会

女 **Présentation d'œuvres d'art ou d'objets d'art consacrée à un artiste ou une période ou un thème particulier, dans un musée ou tout autre lieu public.** 美術館その他の公共の場所における、ある芸術家または特定の時代やテーマを特集した芸術作品やオブジェの展示

présentation 展示　consacré, *e* ささげられた、当てられた　thème テーマ

他 exposer ～を展示する　形 exposé, *e* 展示された

例 Je suis allé voir l'**exposition** de Picasso hier. 昨日、ピカソの展覧会を見に行った。

747

fragile / fraʒil / 壊れやすい、もろい

形 **Qui peut se casser facilement.** 簡単に壊れそうな

⇔ résistant, *e*; solide

例 Les vases en verre sont **fragiles**. ガラスの花瓶は割れやすい。

□□□ 748

sympathique / sɛ̃patik / 感じのいい、楽しい

形 Que l'on aimerait avoir pour ami. 友だちになりたくなるような

≒ agréable; aimable

⇔ antipathique; désagréable

女 sympathie 好感、共感　自 sympathiser 気が合う、共感する

例 Je cherche quelqu'un de **sympathique** pour notre réception.
私はわが社の受付のために誰か感じのいい人を探しています。

□□□ 749

exact, *e* / ɛgza(kt), ɛgzakt / 正確な

形 Qui est sans erreur. 誤りのない

副 exactement 正確に

例 La cause **exacte** de cet accident est encore inconnue.
その事故の正確な原因はまだわかっていない。

□□□ 750

rouler / rule / 転がる

自 ① Avancer en tournant sur soi-même. 回転しながら進む

男 roulement 転がること

例 Elle a fait tomber son sac et il **a roulé** dans l'escalier.
彼女はカバンを落とし、それは階段を転がった。

(車・列車などが)走る

② Avancer grâce à des roues ou des roulettes. 車輪またはキャスターを使って前進する

grâce à ～のおかげで　roulette キャスター、小さな車輪

例 J'entends des voitures qui **roulent** dehors.
車が外を走っているのが聞こえる。

□□□ 751

enseigner

/ ɑ̃sɛɲe / 〜を教える

他 **Transmettre des connaissances.**

知識を伝達する

男 enseignement 教育；授業

例 Elle **enseigne** l'art au lycée.

彼女は高校で美術を教えている。

□□□ 752

déclarer

/ deklare / 〜を宣言する

他 **Dire quelque chose d'une façon claire et solennelle.**

何かをはっきりと厳かに言う

solennel, *le* 厳かな、厳粛な

≒ annoncer

女 déclaration 表明

例 Alain **a déclaré** qu'il quitterait son travail.

アランは仕事を辞めるつもりだと宣言した。

□□□ 753

s'occuper

/ sɔkype / 世話をする、引き受ける

代動 **Prendre soin de quelqu'un ou de quelque chose.**

誰かまたは何かの面倒を見る

他 occuper 〜を占める

例 Je **m'occupe** de ce problème.

私がこの問題に対処します。

□□□ 754

colline

/ kɔlin / 丘

女 **Petite montagne dont le sommet est arrondi.**

頂上が丸みを帯びた、小さな山

例 Regardez le bâtiment sur la **colline**.

丘の上の建物をご覧なさい。

□□□ 755

emmener / ɑ̃mne / ～を連れていく

他 **Prendre quelqu'un avec soi pour aller quelque part.**
どこかに行くときに誰かを伴う

≒ mener

例 Martin m'**a emmené** à l'Arc de Triomphe.
マルタンは私を凱旋門に連れていってくれた。

□□□ 756

habitant, *e* / abitɑ̃, -tɑ̃t / 住民

名 **Personne qui vit habituellement dans un lieu précis.**
いつも特定の場所に住んでいる人

habituellement いつも、ふだん

女 habitation 住むこと　男 habitat 生息地、自生地

例 Ce jardin est ouvert aux **habitants** de la ville.
この庭は市の住民に開放されている。

□□□ 757

réguli*er*, *ère* / regylje, -ljɛr / 定期的な

形 **Qui ne change pas, qui se reproduit toujours de la même façon.**
変わらず、いつも同じ仕方で繰り返される

reproduire 再発する、繰り返される

副 régulièrement 規則正しく　女 régularité 規則正しさ

例 Les bus arrivent à intervalles **réguliers**.
バスは一定の間隔で来る。

□□□ 758

attacher / ataʃe / ～をつなぐ、結ぶ

他 **Retenir quelque chose avec un lien.**
何かをひもで固定する

女 attache つなぐもの

例 Élise **a attaché** un chien à la chaîne.
エリーズは犬を鎖につないだ。

□□□ 759

blesser

/ blɛse / 〜にけがをさせる

761語

他 ① **Donner un coup qui laisse une marque sur le corps.**

体に跡を残す一撃を与える

marque 跡、痕跡

形 blessé, *e* 傷ついた　女 blessure 傷、けが

例 Heureusement, personne n'**a été blessé** dans l'accident.

幸い、事故でけが人は出なかった。

(精神的に)〜を傷つける

② **Faire de la peine à quelqu'un en disant quelque chose.**

何かを言って誰かを傷つける

≒ froisser; offenser

例 Elle **a été blessée** par les mots de Paul.

彼女はポールの言葉に傷ついた。

□□□ 760

matinée

/ matine / 午前中

女 **Partie de la journée qui s'écoule entre le lever du soleil et midi.**

日の出から正午までに流れる1日の部分

例 J'ai un rendez-vous dans la **matinée** demain.

私は明日の午前中に約束がある。

□□□ 761

compliqué, *e*

/ kɔ̃plike / 複雑な

形 **Qui est difficile à comprendre ou à faire.**

理解したり行ったりするのが困難な

≒ ardu, *e*; complexe

⇔ facile; simple

他 compliquer 〜を複雑にする

例 Ce n'est pas un problème très **compliqué**.

これはそれほど複雑な問題ではない。

□□□ 762

nettoyer

/ nɛtwaje / ～を掃除する

他 **Rendre quelque chose propre.**

何かを清潔にする

男 nettoyage 掃除

例 Nous **nettoyons** la salle après les cours.

放課後、私たちは教室の掃除をする。

□□□ 763

saluer

/ salɥe / ～にあいさつする

他 **Faire un geste de la main ou de la tête pour dire bonjour ou au revoir à quelqu'un.**

誰かにこんにちはやさようならを言うために、手や頭で身振りをする

男 salut あいさつ

例 Quelqu'un m'**a salué** de loin.

誰かが遠くから私にあいさつした。

□□□ 764

dessiner

/ desine / ～を描く

他 **Représenter par des traits une chose sur un papier ou une autre surface.**

紙または別のものの表面に線でものを表現する

trait 線

男 dessin 素描、デッサン

例 Je ne peux pas peindre sans **avoir dessiné** avant.

私は前もってデッサンをせずに絵具で描けない。

□□□ 765

tasse

/ tas / カップ

女 **Petit récipient avec une anse utilisé pour certaines boissons chaudes (thé, café, tisane, etc.).**

（お茶、コーヒー、ハーブティーなどの）何らかの熱い飲み物に使用される、持ち手のついた小さな容器

anse（弓型の）取っ手　**tisane** ハーブティー

例 Elle a bu une **tasse** de thé.

彼女はお茶を一杯飲んだ。

□□□ 766

employer

/ ɑ̃plwaje / ～を使う

他 ① **Utiliser quelque chose.** 何かを使う

男 emploi 使用

例 Ce mot est difficile à **employer** correctement. この単語は正しく使うのが難しい。

～を雇う

② **Faire travailler une personne en la payant.** 金を払って人を働かせる

名 employé, *e* 従業員

例 Cette entreprise **emploie** 500 personnes. この会社では500人を雇っている。

□□□ 767

monument

/ mɔnymɑ̃ / 記念碑

男 **Édifice remarquable par sa beauté, son architecture ou son ancienneté.** その美しさ、建築様式や古さのために注目に値する建物

remarquable 注目すべき　architecture 建築様式
ancienneté 古さ

形 monumental, *e* 記念碑の

例 Nous aimons visiter les **monuments** historiques. 私たちは歴史的建造物を訪れるのが好きだ。

□□□ 768

oser

/ oze / 思い切って～する

他 **Avoir le courage de faire ou de dire quelque chose.** 何かをしたり言ったりする勇気を持つ

ⓘ 〈oser＋不定詞〉の形で使う。

例 Elle n'**ose** pas critiquer sa meilleure amie. 彼女は思い切って親友を批判できない。

□□□ 769

mairie

/ mɛri / 市役所

女 **Bâtiment où se trouvent les services de la ville et le bureau du maire.**

市の部局と市長室が置かれている建物

maire 市長

例 La **mairie** se trouve au centre de la ville.

市役所は市の中心にある。

□□□ 770

s'endormir

/ sɑ̃dɔrmir / 寝入る

代動 **Commencer à dormir.**

眠り始める

例 Elle **s'endort** dès qu'elle boit du vin.

彼女はワインを飲むとすぐに寝てしまう。

□□□ 771

emprunter

/ ɑ̃prɛ̃te / ～を借りる

他 **Utiliser une chose dont on n'est pas le propriétaire et qui a été prêtée par quelqu'un.**

自分の所有物でなく、誰かから貸してもらったものを使う

男 emprunt 借金

例 J'**emprunte** souvent des livres à la bibliothèque.

私はよく図書館で本を借りる。

□□□ 772

grippe

/ grip / インフルエンザ

女 **Maladie contagieuse due à un virus.**

ウイルスによって引き起こされる伝染病

contagieux, *se* 伝染性の　**dû à, *due à*** ～に起因する
virus ウイルス

例 Elle était absente du travail à cause de la **grippe**.

彼女はインフルエンザで会社を休んでいた。

773 poule / pul / めんどり

女 **Oiseau de la ferme aux ailes courtes, que l'on élève pour ses œufs et sa chair.**
卵と肉のために育てられる、翼の短い家禽（かきん）

ferme 農場

例 Notre **poule** ne fait plus d'œufs.
私たちのめんどりはもう卵を産まない。

774 couler / kule / 流れる

自 **Pour un liquide, se déplacer.**
液体が移動する

≒ circuler

例 Plusieurs canaux **coulent** à travers notre ville.
私たちの町にはいくつもの運河が流れている。

775 regretter / rəgrete / ～を後悔する

他 **Être triste d'avoir fait ou de ne pas avoir fait quelque chose.**
何かをして、あるいはしなくて悲しい

男 regret 後悔　形 regrettable 残念な、遺憾な

例 Nous **regrettons** de ne pas pouvoir venir.
私たちは伺えなくて残念です。

776 mentir / mɑ̃tir / うそをつく

自 **Dire ce qui n'est pas la vérité alors qu'on la connaît.**
真実を知っているのに真実でないことを言う

alors que …であるのに

男 mensonge うそ

例 Il parle vite quand il **ment**.
彼はうそをつくときは速く話す。

□□□ 777

ressembler

/ rəsɑ̃ble / 似ている

自 **Avoir la même forme que quelque chose, avoir des traits communs avec quelqu'un.**

何かと同じ形をしている、誰かと共通の特徴を持っている

女 ressemblance 類似

例 Son caractère **ressemble** bien à celui de son père.

彼の性格は父親の性格とよく似ている。

□□□ 778

géographie

/ ʒeɔgrafi / 地理

女 **Science qui étudie la Terre, son relief, son climat, sa végétation, sa population.**

地球と、その地形、気候、植生、動物群を研究する科学

climat 気候　population（一定地域の）動物群

形 géographique 地理の

例 Ken connaît bien la **géographie** européenne.

ケンはヨーロッパの地理に詳しい。

□□□ 779

serrer

/ sere / ～を握りしめる

他 **Tenir quelque chose fortement.**

何かをしっかりとつかむ

fortement 強く

形 serré, *e* 締まった；窮屈な

例 Elle **a serré** la main de sa fille pour ne pas la perdre.

彼女ははぐれないように娘の手を握った。

□□□ 780

carrefour

/ karfur / 交差点

男 **Endroit où des routes ou des rues se croisent.**

道路や通りが交差する場所

se croiser（互いに）交差する

≒ croisement; embranchement

例 La voiture a tourné à droite au **carrefour**.

その車は交差点で右に曲がった。

781

allumer / alyme / 〈明かり〉をつける

他 ① Donner de la lumière à quelque chose. 何かに光を与える

例 Le soir tombant, j'**ai allumé** la lampe. 日が落ちて、私はランプを灯した。

～に火をつける

② Faire un feu dans une cheminée ou un poêle, etc. 暖炉やストーブなどに火を起こす

cheminée 暖炉　**poêle** ストーブ

例 **Allume** la cuisinière, s'il te plaît. コンロをつけてちょうだい。

782

ranger / rɑ̃ʒe / ～を片づける、整理する

他 Rétablir l'ordre dans un lieu en mettant chaque chose à sa place. ものをそれぞれのあるべき場所に置くことで、場の秩序を回復させる

rétablir ～を回復させる、(元の状態に)戻す

男 rangement 整理

例 Mon fils **range** sa chambre tous les week-ends. 息子は毎週末、自分の部屋を片づける。

783

chauffage / ʃofaʒ / 暖房設備

男 Ensemble des appareils qui donnent de la chaleur (radiateurs, cheminée, poêle, etc.). (ラジエーター、暖炉、ストーブなどの)熱を提供する一群の器具

radiateur ラジエーター

例 Il fait froid, mettez le **chauffage**. 寒いです、暖房をつけてください。

□□□ 784

déranger

/ derɑ̃ʒe / ～を邪魔する

他 **Gêner quelqu'un dans ses occupations.** 誰かの活動を妨害する

occupation 活動、従事すること

男 dérangement 邪魔

例 Je n'ai pas l'intention de vous **déranger**. あなたのお邪魔をするつもりはありません。

□□□ 785

pêcher

/ peʃe / ～を釣る

他 **Attraper des poissons et d'autres animaux qui vivent dans l'eau.** 魚や水の中に生息するその他の動物を捕まえる

女 pêche 釣り

例 Son père aime aller **pêcher** en mer. 彼の父は海に釣りに行くのが好きだ。

□□□ 786

bagage

/ bagaʒ / 荷物

男 **Valise ou sac que l'on emporte en voyage.** 旅行に持っていくスーツケースやかばん

emporter ～を持っていく

例 Ne mettez pas vos **bagages** devant la porte. ドアの前に荷物を置かないでください。

□□□ 787

addition

/ addisjɔ̃ / 勘定

女 **Ce que l'on doit payer au restaurant à la fin du repas.** レストランで食事の最後に支払わなければならないもの

≒ note

他 additionner ～を足す

例 L'**addition**, s'il vous plaît. お勘定をお願いします。

□□□ 788

rater

/ rate /　～に失敗する

他 ① **Ne pas réussir, ne pas atteindre son but.**

成功しない、目標を達成しない

≒ échouer à

例 Mon fils **a raté** son examen d'entrée.

私の息子は入学試験に失敗した。

～に乗り損なう

② **Arriver trop tard pour prendre un train, un bus, un avion, etc.**

電車、バス、飛行機などに乗るにはあまりに遅く到着する

例 On ne peut pas **rater** le train de huit heures.

私たちは8時の電車に乗り遅れるわけにはいかない。

□□□ 789

timbre

/ tɛ̃br /　切手

男 **Petit rectangle de papier collé sur une enveloppe qui sert à payer l'envoi du courrier par la poste.**

郵便による郵便物の送付にかかる料金を支払うために使われる、封筒に貼られる小さな長方形の紙

coller ～を貼りつける　envoi 発送、送付

ⓘ timbre-posteとも言う。

他 timbrer ～に切手を貼る

例 Allez acheter des **timbres** à la poste.

郵便局に切手を買いに行ってきて。

□□□ 790

coiffeur, *se*

/ kwafœr, -føz /　美容師

名 **Personne qui coupe et coiffe les cheveux en tant que métier.**

職業として髪を切って整える人

en tant que ～として、～の資格で

例 René est un bon **coiffeur**.

ルネは腕のいい美容師だ。

□□□ 791

déménager / demenaʒe / 引っ越す

自 Changer de logement en emportant les meubles.

家具を運んで住居を変える

⇔ emménager

男 déménagement 引っ越し

例 J'**ai déménagé** la semaine dernière.

私は先週、引っ越した。

□□□ 792

jambon / ʒɑ̃bɔ̃ / ハム

男 Cuisse ou épaule du porc cuites ou crues, salées et séchées pour être conservées.

保存用に塩をして乾燥させた、加熱したまたは生の、豚のもも肉または肩肉

cuisse もも、大腿　**saler** ～に塩を振る

例 Elle mange souvent du **jambon** et des œufs au petit déjeuner.

彼女はよく朝食にハムエッグを食べる。

□□□ 793

incendie / ɛ̃sɑ̃di / 火事、火災

男 Grand feu qui s'étend et qui cause des dégâts importants.

燃え広がり、重大な被害をもたらす大火

dégât 被害

例 Il y a eu un **incendie** dans ce quartier la nuit dernière.

昨夜この近所で火事があった。

□□□ 794

fraise / frɛz / いちご

女 Petit fruit rouge très parfumé, cultivé ou sauvage.

栽培された、または野生の、小さくてとても香りのよい赤い果実

cultivé, *e* 栽培された　**sauvage** 野生の

例 Sophie a mis des **fraises** sur le gâteau.

ソフィーはケーキの上にいちごをのせた。

795
menu
/ məny /
定食

男 **Les plats qui composent un repas à prix fixe dans un restaurant.**
レストランで定額の食事を構成する料理

fixe 一定の、固定した

ⓘ 日本語の「メニュー」は、フランス語ではふつうcarteと言う。

例 Je prends souvent le **menu** du jour dans ce restaurant.
私はよくこのレストランで日替わり定食を食べる。

796
football
/ futbol /
サッカー

男 **Sport collectif qui oppose deux équipes de onze joueurs qui doivent faire pénétrer un ballon rond dans les buts adverses avec le pied sans jamais utiliser la main.**
手を使わずに足で相手ゴールにサッカーボールを入れなければならない、11人ずつの2チームの選手が対戦する団体競技

joueur 選手、プレーヤー　**ballon**（大型の）ボール
adverse 敵対する、相手の

例 Denis joue parfois au **football** avec ses amis.
ドゥニはときどき友だちとサッカーをする。

797
abandonner
/ abɑ̃dɔne /
～を見捨てる

他 ① **Ne plus s'occuper d'une personne ou d'un animal.**
人あるいは動物の世話をもはやしなくなる

男 abandon 放棄

例 N'**abandonnez** pas vos animaux de compagnie.
ペットを捨ててはいけません。

～をあきらめる

② **Arrêter de faire quelque chose.**
何かをするのをやめる

例 Il **a** finalement **abandonné** le pouvoir.
彼はついに、権力を手放した。

□□□ 798

inquiéter / ɛ̃kjete / 〜を心配させる

他 **Causer du souci à quelqu'un.** 誰かに心配を引き起こす

≒ préoccuper

女 inquiétude 不安、心配

例 Ton long silence nous **a inquiétés**. 君から長い間連絡がないのでぼくたちは心配したよ。

s'inquiéter / sɛ̃kjete / 心配する

代動 **Se faire du souci.** 心配する

≒ se soucier; se tracasser

例 Ne **t'inquiète** pas pour moi. 私のことは心配しないでください。

□□□ 799

paresseux, *se* / parɛsø, -søz / 怠惰な

形 **Qui n'aime pas faire des efforts, qui ne travaille pas suffisamment.** 努力するのが好きでない、十分に頑張らない

suffisamment 十分に

≒ fainéant, *e* ⇔ travailleur, *se*

女 paresse 怠惰

例 Cet étudiant **paresseux** n'a pas réussi à l'examen. その怠惰な学生は試験に合格できなかった。

□□□ 800

sandwich / sɑ̃dwitʃ / サンドイッチ

男 **Deux tranches de pain entre lesquelles on met des aliments froids: charcuterie, fromages, salade, œufs, tomates, etc.** 豚肉製品、チーズ、サラダ、卵、トマトなどの冷たい食べ物を2枚のパンにはさんだもの

tranche 薄切り、1切れ

charcuterie (ハム・ソーセージなどの)豚肉製品

例 Il a mangé des **sandwichs** aux œufs pour le déjeuner. 彼は昼食に卵サンドを食べた。

章末ボキャブラリーチェック

次の語義が表すフランス語の語句を答えてください

語義	解答	連番
❶ Édifice remarquable par sa beauté, son architecture ou son ancienneté.	monument	767
❷ Les plats qui composent un repas à prix fixe dans un restaurant.	menu	795
❸ Retenir quelque chose avec un lien.	attacher	758
❹ Cuisse ou épaule du porc cuites ou crues, salées et séchées pour être conservées.	jambon	792
❺ Personne qui coupe et coiffe les cheveux en tant que métier.	coiffeur	790
❻ Endroit où des routes ou des rues se croisent.	carrefour	780
❼ Ensemble de plantes vertes à fine tige qui couvrent le sol.	herbe	733
❽ Causer du souci à quelqu'un.	inquiéter	798
❾ Qui est difficile à comprendre ou à faire.	compliqué	761
❿ Maladie contagieuse due à un virus.	grippe	772
⓫ Science qui étudie la Terre, son relief, son climat, sa végétation, sa population.	géographie	778
⓬ Représenter par des traits une chose sur un papier ou une autre surface.	dessiner	764
⓭ Qui est sans erreur.	exact	749
⓮ Oiseau de la ferme aux ailes courtes, que l'on élève pour ses œufs et sa chair.	poule	773
⓯ Grand tissu en laine que l'on met sur le lit pour avoir chaud.	couverture	723
⓰ Que l'on aimerait avoir pour ami.	sympathique	748
⓱ Commencer à dormir.	s'endormir	770
⓲ Partie d'un vêtement où l'on peut mettre des objets.	poche	721
⓳ Petit fruit rouge très parfumé, cultivé ou sauvage.	fraise	794
⓴ Donner de la lumière à quelque chose.	allumer	781

語義	解答	連番
㉑ Ensemble des travaux qu'il faut faire pour qu'une maison soit propre et bien rangée.	ménage	742
㉒ Tenir quelque chose fortement.	serrer	779
㉓ Parler à Dieu ou à une divinité.	prier	740
㉔ Ce que l'on doit payer au restaurant à la fin du repas.	addition	787
㉕ Qui ne change pas, qui se reproduit toujours de la même façon.	régulier	757
㉖ Faire imprimer un texte dans un livre ou une revue pour le vendre.	publier	741
㉗ Personne qui vit habituellement dans un lieu précis.	habitant	756
㉘ Arrêt volontaire du travail décidé par des salariés pour obtenir quelque chose ou pour protester.	grève	722
㉙ Dire ce qui n'est pas la vérité alors qu'on la connaît.	mentir	776
㉚ Utiliser une chose dont on n'est pas le propriétaire et qui a été prêtée par quelqu'un.	emprunter	771
㉛ Aspect du visage d'une personne qui montre son état de santé.	mine	731
㉜ Mettre une chose à la place d'une autre.	remplacer	726
㉝ Remarquer une différence entre plusieurs personnes ou plusieurs choses.	distinguer	730
㉞ Prendre quelqu'un avec soi pour aller quelque part.	emmener	755
㉟ Rendre quelque chose plein.	remplir	745
㊱ Petite montagne dont le sommet est arrondi.	colline	754
㊲ Qui peut se casser facilement.	fragile	747
㊳ Ne pas aimer quelque chose ou quelqu'un du tout.	détester	743
㊴ Avoir une réalité, être.	exister	727
㊵ Qui est une surprise.	étonnant	737
㊶ Ne pas réussir, ne pas atteindre son but.	rater	788
㊷ Attraper des poissons et d'autres animaux qui vivent dans l'eau.	pêcher	785
㊸ Que l'on admire, qui est extraordinaire.	formidable	739

語義	解答	連番
㊹ Deux tranches de pain entre lesquelles on met des aliments froids: charcuterie, fromages, salade, œufs, tomates, etc.	sandwich	800
㊺ S'opposer à une action, gêner sa réalisation ou la rendre impossible.	empêcher	729
㊻ Qui n'aime pas faire des efforts, qui ne travaille pas suffisamment.	paresseux	799
㊼ Changer de logement en emportant les meubles.	déménager	791
㊽ Rétablir l'ordre dans un lieu en mettant chaque chose à sa place.	ranger	782
㊾ Valise ou sac que l'on emporte en voyage.	bagage	786
㊿ Donner un coup qui laisse une marque sur le corps.	blesser	759
51 Objet qui sert à éclairer.	lampe	744
52 Se mettre dans l'eau pour nager ou pour s'amuser.	se baigner	724
53 Que l'on obtient sans payer.	gratuit	736
54 Dire quelque chose d'une façon claire et solennelle.	déclarer	752
55 Utiliser quelque chose.	employer	766
56 Petit rectangle de papier collé sur une enveloppe qui sert à payer l'envoi du courrier par la poste.	timbre	789
57 Ne plus s'occuper d'une personne ou d'un animal.	abandonner	797
58 Transmettre des connaissances.	enseigner	751
59 Ensemble des appareils qui donnent de la chaleur (radiateurs, cheminée, poêle, etc.).	chauffage	783
60 Avoir la même forme que quelque chose, avoir des traits communs avec quelqu'un.	ressembler	777
61 Grand feu qui s'étend et qui cause des dégâts importants.	incendie	793
62 Magasin où l'on vend des produits d'alimentation.	épicerie	728
63 Qui a la même importance, la même valeur, la même dimension.	égal	735
64 Partie de la journée qui s'écoule entre le lever du soleil et midi.	matinée	760
65 Très heureux, très content.	ravi	725

語義	解答	連番
⑥⑥ Bâtiment où se trouvent les services de la ville et le bureau du maire.	mairie	769
⑥⑦ Petit récipient avec une anse utilisé pour certaines boissons chaudes (thé, café, tisane, etc.).	tasse	765
⑥⑧ Récipient rond qui peut être plat ou creux et dans lequel on met des aliments.	assiette	732
⑥⑨ Faire un geste de la main ou de la tête pour dire bonjour ou au revoir à quelqu'un.	saluer	763
⑦⓪ Être triste d'avoir fait ou de ne pas avoir fait quelque chose.	regretter	775
⑦① Sport collectif qui oppose deux équipes de onze joueurs qui doivent faire pénétrer un ballon rond dans les buts adverses avec le pied sans jamais utiliser la main.	football	796
⑦② Présentation d'œuvres d'art ou d'objets d'art consacrée à un artiste ou une période ou un thème particulier, dans un musée ou tout autre lieu public.	exposition	746
⑦③ Prendre soin de quelqu'un ou de quelque chose.	s'occuper	753
⑦④ Pour un liquide, se déplacer.	couler	774
⑦⑤ Gêner quelqu'un dans ses occupations.	déranger	784
⑦⑥ Avoir le courage de faire ou de dire quelque chose.	oser	768
⑦⑦ Qui étonne beaucoup, que l'on ne peut imaginer.	incroyable	738
⑦⑧ Rendre quelque chose propre.	nettoyer	762
⑦⑨ Partie qui recouvre et protège une maison ou un bâtiment.	toit	734
⑧⓪ Avancer en tournant sur soi-même.	rouler	750

この索引には本書で取り上げた約1,500語句がアルファベ順に掲載されています。数字はページ番号を示しています。色の数字は見出し語として収録され、黒い数字は語句が派生語や類義語・反意語として収録されていることを表しています。

A

B

C

D

E

F

G

H

I

J

L

M

N

O

P

Q

R

S

T

U

V

W

[編者紹介]

中田俊介（なかた しゅんすけ）

東京外国語大学大学院修士課程修了（言語学）、同博士課程単位取得退学。エクス＝マルセイユ第一大学修士課程修了（言語科学）。私立武蔵高等学校・中学校、埼玉大学大学院、東京外国語大学非常勤講師等を経て、2016年より国際教養大学講師。著書に『ゼロから始める 書き込み式フランス語BOOK』（成美堂出版）、『きれいに話せる ひとりで学べる はじめましてフランス語』、『きれいに話せる ひとりで学べる はじめましてフランス語〈基本文法〉』（ジャパンタイムズ出版）、『フランス語 話す聞く かんたん入門書』（池田書店）、訳書に『音声の科学：音声学入門』（白水社、共訳）などがある。

ロゴポート

語学書を中心に企画・制作を行っている編集者ネットワーク。編集者、翻訳者、ネイティブスピーカーなどから成る。おもな編著に『英語を英語で理解する 英英英単語® 初級編／中級編／上級編／超上級編』、『中学英語で読んでみる イラスト英英英単語®』、『最短合格！ 英検®1級／準1級 英作文問題完全制覇』、『最短合格！ 英検®2級英作文&面接 完全制覇』、『出る順で最短合格！ 英検®1級／準1級 語彙問題完全制覇［改訂版］』、『出る順で最短合格！ 英検®1級～2級単熟語EX 第2版』、『星の王子さま フランス語辞典』（ジャパンタイムズ出版）、『TEAP単熟語Grip1500』（アスク出版）、『分野別IELTS単語集』（オープンゲート）などがある。

フランス語をフランス語で理解する
仏仏仏単語

2022年3月5日　初版発行
2023年9月20日　第2刷発行

編　者　中田俊介&ロゴポート
©Shunsuke Nakata & Logoport, 2022

発行者　伊藤 秀樹

発行所　株式会社 ジャパンタイムズ出版
〒102-0082 東京都千代田区一番町2-2
一番町第二TGビル2F
電話　050-3646-9500（出版営業部）
ウェブサイト　https://jtpublishing.co.jp/

印刷所　株式会社 光邦

Printed in Japan　ISBN978-4-7890-1804-3

本書のご感想をお寄せください。
https://jtpublishing.co.jp/contact/comment/